加来耕三
Kaku Kouzou

成功と滅亡

さくら舎

乱世の人物日本史

目次◆成功と滅亡　乱世の人物日本史

第一章　裏切りの鎌倉

第二章　戦国は修羅の世界

第三章　幕末という激流

成功と滅亡
乱世の人物日本史

第一章　裏切りの鎌倉

武士の世の基礎作りに奔走した嫌われ役

北条義時

令和四年（二〇二二）のＮＨＫ大河ドラマの主人公は北条義時《ほうじょうよしとき》――日本史上、破壊と建設という相反《あいはん》する仕事に参画した、稀有《けう》な人物であったといえる。

平安時代末期に、平家政権の打倒に参加しながら、鎌倉幕府の創設、安定にも寄与した。長寛《ちょうかん》元年（一一六三）に北条時政《ときまさ》の次男に生まれた義時は、源頼朝《みなもとのよりとも》の挙兵に参加。源平争乱のおりは、最前線には源義経《よしつね》（頼朝の異母弟）があり、頼朝の側近となった義時は、父のかげに隠れ、山積する御家人《ごけにん》問題の実務処理にあたっていた。

その義時が、独裁者となった実の父を追放して、自ら権力の首座についたのは〝承久《じょうきゅう》の乱〟（一二二一）の起こる十六年前、四十三歳のときであった。

それゆえか彼は、多くの日本国民に人気がない。

義時は、主家《しゅか》である源氏将軍家を頼朝―頼家《よりいえ》―実朝《さねとも》の三代で滅ぼし、担いだ将軍家から実権を奪った佞奸《ねいかん》、邪悪な権謀家《けんぼうか》と決めつけられてきた。

筆者《わたし》はあえて、彼を弁護するつもりはない。

人物の評価は、歴史を学ぶ人々の自由である。ただ、どんな歴史上の人物も、時代背景を抜きにしては語れないことは、認識する必要がありそうだ。

義時は関東の、伊豆の小豪族の家に生まれている。姉の政子《まさこ》が頼朝の妻となったことで、己《おの》が将来をすべて、頼朝に賭《か》けることになった。

石橋山《いしばしやま》の合戦に頼朝が一敗地に塗《まみ》れると、義時の嫡兄・三郎宗時《むねとき》は戦死。義時も安房《あわ》（現・千葉県南部）に、逃亡を余儀なくされる（この時、十八歳）。

あまり触れられていないが、兄・宗時の死後、義時は北条家の嫡子とはなっていない。

父・時政は、後妻・牧《まき》の方《かた》との間に生まれる男子に、嫡子を期待していた。

義時を引き立てたのは、頼朝と政子であった。

「江間四郎」として、分家の扱いを受けている。

その後、頼朝が鎌倉幕府を創業しても、ほかの大豪族・族党の族長に比べると、北条家の実兵力は劣弱《れつじゃく》であった。

確固たる地位を占めるためには、将軍頼朝との関係（義兄弟）を大いに利用し、政治の中枢に参画するしかなかった。

ところが、頼りの頼朝は急死を遂げ（享年、五十三）、有力御家人は豪族武士層と側近官僚層とに割れる。

義時は父・時政とはかり、宿老十三名＝鎌倉十三人衆の合議制をつくり、一方では政敵の梶原景時《かじわらかげとき》や比企能員《ひきよしかず》を除くべく、画策した父に荷担。ことごとくを、制圧した。

時政が執権《しっけん》の地位についたのが建仁《けんにん》三年（一二〇三）、義時は四十一歳になっていた。

このころになって彼はようやく、独自の権力奪取《だっしゅ》を考えるようになる。

完全なる幕府を見ることなく消える

翌元久《げんきゅう》元年（一二〇四）三月、従五位下《じゅごいのげ》相模守《さがみのかみ》となり、父から独立した義時は、伊豆修善寺《しゅぜんじ》（現・静岡県伊豆市）で二代将軍・源頼家が謀殺されるのを黙視した（享年、二十三）。ついで、時政の後妻の出身である牧一族、牧の方の女婿《むすめむこ》で頼朝の猶子《ゆうし》でもあった平賀《ひらが》朝雅《ともまさ》を抹殺し、ついには実の父・時政を隠退に追い込む。

義時は大江広元《おおえのひろもと》と並んで政所別当《まんどころべっとう》となり、安達景盛《あだちかげもり》（上野《こうずけ》・摂津守護）、三善康信《みよしやすのぶ》（問注所《もんちゅうじょ》執事）らと幕府の機構を整備し、建暦《けんりゃく》三年（一二一三）五月には、幕府創設の功労者・和田義盛《わだよしもり》を討つ（享年、六十七）。

そして、義盛が就いていた侍所《さむらいどころ》別当の職をも掌中《しょうちゅう》にした。

幕府の政治機構上、政所と侍所の別当を兼ねるものが「執権」であるとの考え方が、これ以後に固定する。

義時は執権体制を強化した。最後の対決が、迫っていたからだ。

承久三年（一二二一）五月、鎌倉幕府を否定する後鳥羽《ごとば》上皇（第八十二代天皇）が、当面の敵・義時に対する「追討の院宣《いんぜん》（上皇または法皇の出す文書）」を発した。

――〝承久の乱〟の勃発である。

義時はこの戦いで、日本史上唯一の例外、朝廷に弓を引いて勝利するという、快挙を成し遂げ、名実ともに北条政権を成立させた。

義時は己れの「理想」を、具体的な形で持っていなかった。にもかかわらず、なぜ彼が成功者と成り得たのか。

この人物は、目前の事項に執着し、そのなかから可能性の最も高いものを選び、その解決に全力を注いだ。

そうすることによって、次の展望が開け、飛躍の好機《チャンス》が生まれることを、義時は経験から摑みとっていたのである。

しかも一つの解決、成功は、部下の畏敬《いけい》するところとなる。

活躍するごとに組織の信頼は増す――この冷厳な現実主義《リアリズム》によって、義時は〝承久の乱〟に勝利し、執権の座に三年あって、貞応《じょうおう》三年（一二二四）六月十三日、六十二歳で死去した。

だが、彼は自らの死によって、それまで培ってきた組織を崩壊させてはいない。

北条義時（1163～1224年）

義時が創りあげた幕府は、すでに有能な後継者を多数育て、運営方法《システム》を完成させていた。彼の死後、嫡子の泰時《やすとき》によって、鎌倉幕府は執権政治体制の強化をなし遂げている。

義時の敷いたレールは死後、百九年間継承された。

なお、非情な面が強調されがちな義時だが、むろん、人間的温情をもたなかったわけではない。

むしろ、部下には多分な愛情をもって接している。

そうでなければ、有能な部下が育つはずもあるまい。してみれば、世上の評価とは別に、義時は幸運な政治家としての生涯を、全《まっと》うしたといえそうだ。

たとえその死が、妻・伊賀の方による毒殺であったとしても……。

北条政子

家庭的には恵まれなかった鎌倉幕府の功労者

鎌倉幕府の三代将軍・源実朝《みなもとのさねとも》が、鶴岡八幡宮で二代将軍・頼家《よりいえ》の子である公暁《こうぎょう》（くぎょう、とも）に暗殺されてから、二年後の承久《じょうきゅう》三年（一二二一）五月――幕府を根底から揺るがす、大事件が勃発した。

朝廷の最高実力者・後鳥羽上皇《ごとばじょうこう》（第八十二代天皇）が、幕府の二代執権《しっけん》・北条義時《ほうじょうよしとき》を追討すべく、院宣《いんぜん》を下したのである。世にいう〝承久の乱〟であった。

実朝の死後、摂関家から九条道家《くじょうみちいえ》の子・三寅《みとら》（のちの頼経《よりつね》）を〝鎌倉殿〟に迎え、義時が政務を取りしきろうとしたものの、上皇はこのありさまを幕府の弱体化と見て取り、

「今ならまだ、巻きかえせる」

と、直属の武力として従来から手許に置いていた「北面《ほくめん》の武士」に加え、新たに「西面《さいめん》の武士」を設置し、武力の増強をはかり、畿内や西国から集めた武士をもって、ついに討幕に立ち上がったのであった。

この第一報は五月十九日正午ごろ、鎌倉に届いた。

鎌倉方の京都守護（六波羅探題《ろくはらたんだい》の前身）の伊賀光季《みつすえ》（義時の後妻の兄）が、上皇方に誅《ちゅう》殺《さつ》される直前に、つかわした飛脚によるものであった。

それを追い掛けて、親幕派の公卿《くぎょう》（右大将兼右馬寮御監《うめりょうごかん》）の西園寺公経《さいおんじきんつね》が幽閉《ゆうへい》前に走らせた飛脚も到着する。

さらには、上皇方が関東武士に手を回すべく放った密使が、戒厳令下《かいげんれいか》の鎌倉で捕らえられた。所持していた書状類によって、義時が朝敵《ちょうてき》にされたことは明白となる。

幕府の評定《ひょうじょう》は、大恐慌《パニック》を来《きた》した。彼らが恐れたのは、上皇の挙げた兵の数でも、その実力でもなかった。

朝廷の権威に、おびえたのである。

幕府ができて三十数年とはいえ、それ以前の数百年は朝廷が支配していたのだ。

「さすがの北条義時も、朝敵になったからには――」

幕府の命運もこれまでだ、と京に集まった武士たちは、口々に言い合っていた。

ところが、のちに〝尼将軍〟と尊称される北条政子《まさこ》が、涙ながらに、悲痛な叫びともいえる演説《スピーチ》を行ったことにより、鎌倉の御家人たちの態度は一変する。

政子は、いまは亡き夫・頼朝《よりとも》と出会ったところから語り始め、二人の息子と二人の孫を次々と亡くしたことに触れて、それでも自分が生き長らえている理由は、すべて頼朝の遺《のこ》した幕府を守るためだ、と語った。
そして、昔は無理やり三年やらされた京の守護（大番役《おおばんやく》）を、半年に縮めたのは頼朝だったのではないか、と武士たちに幕府が果たした功績を縷々《るる》説いた。
そのうえで政子は、次のように言葉を継いだ。
「皆、心を一《いつ》にして奉《うけたまわ》るべし。是《こ》れは最期《さいご》の詞也《ことばなり》」（『吾妻鏡《あづまかがみ》』・原漢文）
そしてさらに、
「——故頼朝公が朝敵を征伐し、関東に幕府を草創してよりこのかた、官位といい、俸禄《ほうろく》といい、その恩はすでに山よりも高く、大海よりも深い。この恩に報いんとする志が浅かろうはずはあるまい。しかるに今、逆臣の讒言《ざんげん》によって朝廷から追討の命が下された。名を惜しむ者は、早く敵を討ち取って、三代の将軍の遺跡《ゆいせき》をまっとうすべし。ただし、上皇方につきたい者は、即刻、はっきりと申し述べよ」（『吾妻鏡』より筆者意訳）
また『梅松論《ばいしょうろん》』（南北朝時代の史書）に拠《よ》れば、
「——私はなまじに生命《いのち》長らえたために、三代将軍の墓所を、西国の輩の馬のひづめに懸けられることになるとは、はなはだ口惜《くちお》しき次第です。生きていても意味がない。まず、この尼を殺して上皇方につくがいい」（筆者意訳）
ともいったとか。

実権移譲をすべてこなしてこの世を去った

御家人たちはこの名演説に聞き入り、涙を流す者さえ、少なくなかったという。

このとき、政子は六十五歳。この世を去る、四年前のことである。

結局、京へ攻めのぼった幕府軍十九万騎（実際は一ケタ以下か）は、連戦連勝――。

義時追討の院宣が出されてから、わずか一ヵ月で、京都と朝廷を占拠し、承久の乱は終《しゅう》息《そく》を迎えた。

乱後、義時は厳しい処分を下している。

首謀者の後鳥羽を隠岐《おき》に、協力した順徳《じゅんとく》（第八十四代）を佐渡《さど》に、土御門《つちみかど》上皇（第八十三代）は責任を感じて、自ら土佐（現・高知県）へ移っている。即位式を終えていなかった仲恭《ちゅうきょう》天皇（第八十五代）も、退位した。

臣下《しんか》の者がこれほど多数の院・天皇を、一度に流罪《るざい》に処したのは、日本史上でも例のないことであり、それだけ衝撃的な出来事であったといえる。

政子は承久の乱の論功行賞にも口を出し、自らの勲功を申し出ない者をたずねては、賞を与える役割を担った。また、朝廷人でありながら鎌倉方として働いた西園寺《さいおんじ》公経《きんつね》を太政大臣としている。

そうした中、義時が急逝した。享年、六十二。

ご多分に漏れず、再び政権を狙っての陰謀がささやかれたが、これらをことごとくつぶし、義時の長男・泰時《やすとき》への実権移譲を完璧にこなしたのも政子であった。

実力者・三浦義村《みうらよしむら》には、「ハッキリ答えよ」と陰謀の白黒を問い、宿老を集めた席でも、「私が謀叛人を除くでしょう」といい切って、陰謀を未然に防いでいる。

北条政子（1157 ～ 1225 年）

嘉禄《かろく》元年（一二二五）七月十一日、政子はこの世を去った。六十九歳。

『明月記《めいげつき》』は「不食《ふしょく》ノ病《やまい》」と記したが、おそらくは老衰であったろう。

彼女自身が演説で語ったように、子や孫を相次いで死なせてしまった政子は、家庭的には幸せとはいえなかったが、公人としては、やるべきことはすべて成し遂げた、何一つ後顧に憂いのない最期《さいご》であったといえよう。

暴走して我が子によって執権の座を追われた

北条時政

鎌倉幕府三代将軍に、源《みなもとのよりとも》 頼朝と北条政子《ほうじょうまさこ》の次男・実朝《さねとも》が補され、建仁《けんにん》三年（一二〇三）十月八日には、十二歳にして元服の儀がとり行われた。

このおりの政所別当《まんどころべっとう》は、元朝廷官僚の大江広元《おおえのひろもと》と北条時政《ほうじょうときまさ》の二人。広元は軍事力を有しておらず、天下はまさに鎌倉の御家人にして、実朝の外祖父でもある時政が、独占するものとなったといえる。

なにしろ初代将軍・頼朝は建久《けんきゅう》十年（一一九九）正月に五十三歳で死去しており（死因の詳細は不明）、跡を継いだ長男・頼家《よりいえ》は〝鎌倉殿の十三人衆〟の合議制と対立。将軍の座を追われ、伊豆修善寺《しゅぜんじ》（現・静岡県伊豆市）に下向《げこう》となっていた（翌年七月、暗殺される。享年、二十三）。

この間、頼家の妻の実家として、力を蓄え北条氏を凌駕するようになった比企《ひき》氏を、時政は族滅（一族を根だやしにする）していた。

その所領を加えて勢力拡大に成功した時政は、〝鎌倉武士の鑑《かがみ》〟とも尊称された畠山重《はたけやましげ》忠《ただ》を、次の政治上の邪魔者として、滅ぼす標的に選ぶ。

伊豆の小豪族から成り上がり、権力を増幅する過程で、自らに加増した所領が、武蔵国において重忠の領地と接したのが、理由の一つであったともいわれている。

時政は比企氏を討滅したおり、北条時房《ときふさ》（政子と義時の弟）を内応者として放ったと同様、まずは畠山方へ重忠の同族・稲毛《いなげ》三郎重成《しげなり》を送り込んだ。

この人物の妻は、時政の娘・政子の妹であった。

畠山重忠も実は、時政の娘婿《むすめむこ》の一人であったのだが、このころになると時政は、実直な重忠より、己れの後妻・牧《まき》の方《かた》の長女が妻となった平賀《ひらが》朝雅《ともまさ》を、実の子のようにかわいがっていた。

この朝雅という人は、源新羅《しんら》三郎《さぶろう》義光《よしみつ》（八幡《はちまん》太郎《たろう》義家《よしいえ》の弟）の流れを汲む一族。今は亡き頼朝の、猶子《ゆうし》ともなっていた。将軍となるべき条件は、満たしていたといえる。

建仁三年に幕府の要職・京都守護となって上京し、しきりと舅《しゅうと》の時政と、書簡を往来させていたと思ったら、突然、

「重忠に叛乱の企てあり」

と、牧の方へ告げて来た。

それを受けて、頃合《ころあい》もよし、とみた時政は、息子の義時と時房の二人を自邸に呼び寄せ、

重忠の追討を秘かに命じる。

このとき、どちらかといえば温厚な性質であった義時は、はじめて面と向かって、父に抗弁した。

「今、粗忽《そこつ》の誅戮《ちゅうりく》を加えらるれば、定めし後悔に及ぶべし」（『北条九代記』）

義時のいう後悔は、鎌倉中の御家人の反感・憎悪を、北条家が買うことを意味していた。なにしろ、重忠は鎌倉殿（将軍）を支える忠臣として、世に知られている。

ところが、独裁者としての条件を整えつつあった時政は、息子の適切な諫言《かんげん》を聞こうとはしなかった。

策略した陰謀は失敗に終わる

鎌倉に兵乱が起きたと偽って、重忠を本拠地であった武蔵国男衾《おぶすま》郡の菅谷館《すがややかた》（現・埼玉県比企郡嵐山町《らんざんまち》）から誘い出し、武蔵二俣川《ふたまたがわ》（現・神奈川県横浜市旭区）において、大軍でもって邀撃《ようげき》・殲滅《せんめつ》したのである。

元久《げんきゅう》二年（一二〇五）六月二十二日のことであった。

重忠の享年は、四十二と伝えられている。

「悲涙禁じ難し」

義時は重忠のために、時政に言《い》い募《つの》っている。

これまでも意見の齟齬《そご》はあったものの、北条父子の決別のときが来た。

義時はまず、姉の政子と語らい、時政の行動を見張る。すると、ほどなく時政と、牧の方による陰謀が露顕《ろけん》した。

牧の方が三代将軍実朝を殺し、自らが生んだ娘の聟《むこ》、武蔵守平賀朝雅を将軍に擁立しようと計画していることが知れる。

この陰謀に、なんと時政が荷担しているというではないか。

「今の父上なら、やりかねぬ」

義時は思った。

比企能員《よしかず》、畠山重忠の誅殺に成功した時政には、心に隙も生じていたのだろう。京都と鎌倉を結んでの陰謀のわりには、諸事、無用心で、そのうえ準備に時間をかけ過ぎた。

事前に察知した政子によって、将軍実朝が義時の邸へ移ったことで、事態は急転。

時政の企ては破砕《はさい》する。

これまで時政の権勢におもねり、付き従っていた御家人たちは、踵《きびす》をかえして去っていった。

彼らは政子と義時のもとへ集まり、時政は事が破れたことを悟ると、落飾出家《らくしょくしゅっけ》して牧の方ともども、伊豆北条（現・静岡県伊豆の国市）に隠居することに――。

北条時政（1138 ～ 1215 年）

一代の梟雄《きょうゆう》（強くて性格の悪い英雄）にして、鎌倉幕府初代執権《しっけん》をつとめた北条時政は、こうして政治生命をおえた。ときに、六十八歳。

京にあった平賀朝雅は、鎌倉から攻めのぼってきた武士たちを迎撃、華々しい戦死をとげている。

時政が二代執権となった息子義時に遠慮するように、ひっそりと他界するのは、それから十年後の建保《けんぽう》三年（一二一五）正月六日のことであった。

享年、七十八（牧の方は、その一年後に京で死去している）。

権力欲には切りがなく、抑制《ブレーキ》が効かなくなることを、わが身を通して伝えたような、時政の後半生であった。

頼朝の運の強さをはかり損ねた
大庭景親

源《みなもとの》義家《よしいえ》が大活躍した後三年《ごさんねん》の役《えき》――のちに、歌舞伎十八番の「暫《しばらく》」にも取り入れられた名場面で、一躍名を知られた人物に、鎌倉権五郎景正《かまくらごんごろうかげまさ》という人物がいた（「暫」では景政《かげまさ》）。

源頼朝《よりとも》に敵対した大庭景親《おおばかげちか》は、その景正の曾孫にあたる。生年《せいねん》は不詳。生国《しょうこく》は相模国（現・神奈川県の大半）で、父の名を景忠《かげただ》（景宗《かげむね》とも）といった。

景親自身の通称は、三郎と伝えられている。

後白河《ごしらかわ》天皇（第七十七代）と崇徳《すとく》上皇（第七十五代天皇）が戦った保元《ほうげん》元年（一一五六）七月の保元の乱には、景親は兄の景義《かげよし》とともに、頼朝の父・源義朝《よしとも》に従い、崇徳上皇の院御所《いんのごしょ》を襲ってその武名を高めた。

つづく平治《へいじ》元年（一一五九）十二月の平治の乱においても、彼は義朝の郎等《ろうとう》（家人《けにん》）として奮戦していた。だが、義朝は平清盛《たいらのきよもり》にこの乱で敗れ、尾張国野間《のま》（現・愛知県知多《ちた》郡美浜町《みはま》）で暗殺される。

景親はその武勇を平家に認められて助命され、その恩義に感じた彼は以来、平家一門に忠勤を励む。

治承《じしょう》四年（一一八〇）、後白河の第三皇子《おうじ》・以仁王《もちひとおう》が源頼政《よりまさ》と源氏挙兵の令旨《りょうじ》を諸国に撒《ま》いたおり、景親は京にあったが、東国での反平家の動きに備えるべく、平家から信頼を寄せられ、相模へ戻ってくる。

同年八月、流人《るにん》の源頼朝が伊豆（現・静岡県伊豆半島と、伊豆諸島）の目代《もくだい》・山木判官《やまきほうがん》兼隆《かねたか》を殺し、平家打倒の兵を挙げた。

景親はこれを鎮圧すべく、三千余の軍勢を率いて出陣。同月二十三日の夕暮れ、石橋山（現・神奈川県小田原市）で頼朝の三百騎ばかりの兵たちと遭遇する。

三浦義澄《みうらよしずみ》・和田義盛《わだよしもり》らの軍勢が、頼朝に合流してくるとの情報を摑んだ景親は、その前にと自ら決戦を仕掛け、圧勝した。

ところが肝心の頼朝を取り逃がし、景親はこれを追う羽目に――。

鵐《しとど》の岩屋と呼ばれる谷（現・神奈川県足柄下《あしがらしも》郡真鶴《まなづる》町）で、頼朝が隠れていそうな場所をみつけた景親は、

「この臥木《ふしき》こそ、怪しい」

と、兵たちにいった。

このとき頼朝は、倒れた木々の奥、空洞に身を潜めていた。万事《ばんじ》は窮《きゅう》す。さしもの頼朝も、もはやこれまでと観念したところ、景親の従兄弟である梶原景時《かじわらかげとき》（のち鎌倉幕府十三人衆の一人となる）が、どういうわけか頼朝を見つけながら、頼朝主従を庇《かば》ったため、景親は千載一遇の機会《チャンス》を逸してしまう。

むろん、この時点で景親は大いに余裕をもっていたであろう。頼朝など、いつでも捻《ひね》り潰《つぶ》せる、と。

頼朝の作為に騙される武士たち

ところが、南関東を逃げまわっただけの頼朝は、約一ヵ月の十月には鎌倉に凱旋し、多くの関東武士団の推挽《すいばん》をうけて、〝鎌倉殿〟になってしまった。従う兵力は五、六万を数えていた。

なかには上総国（現・千葉県中部）の上総介広常《かずさのすけひろつね》や、下総国（現・千葉県北部と茨城県南部）の千葉常胤《ちばつねたね》といった大族長の姿もあった。景親にはこの変化が、理解できなかったに違いない。

まだ平家は、一度も源氏に敗れてはいなかった。

源氏挙兵の原因を作った以仁王も、源頼政も、すでに敗死している。

「にもかかわらず……」

頼朝は己れの生き残りを賭けて、以仁王の令旨の内容を、偽称したのである。

「私は以仁王の背後にいる後白河法皇から、関東のすべてを任されている。私に従えば皆の〝一所懸命〟を認め、各々の土地を公認しよう。この先、平家と戦って武功をあげれば、さらなる恩賞＝土地も出す」

明らかにウソ、ハッタリであった。頼朝は流人であり、朝廷の官位は剝奪《はくだつ》されたまま、しかも頼朝個人は兵力をそもそも持っていない。

以仁王の計画には、頼朝は最初から入っていなかった。王が必要としたのは、各地に地盤をもつ、兵力豊かな源氏であった。

甲斐《かい》（現・山梨県）の武田信義《たけだのぶよし》、常陸《ひたち》（現・茨城県の大半）の佐竹義政《さたけよしまさ》、下野《しもつけ》（現・栃木県）の足利俊綱《あしかがとしつな》、上野《こうずけ》（現・群馬県）の新田義重《にったよししげ》など、平家が差しむけてくる追討軍と戦い得る豪族たちであった。

が、残念なことに、ろくすっぽ漢字のかけない関東の武士たちは、そもそも朝廷のなんたるかを知らない。

頼朝の演出した、おおげさな物言《ものい》い＝「私が源氏の棟梁だ」（根拠なし）にも、簡単に引っかかってしまう。

結果、源氏か平家かの二択となったわけだが、景親は双方の戦力を分析、頼朝を自ら殺そうとした立場も考慮し、富士川の合戦に平家方として参戦しようとした。が、指揮をとる総大将の平維盛《これもり》以下、多くが合戦を知らない、貴族化した若武者ばかり。水鳥の羽音を源氏の夜襲と勘違いし、平家軍は一目散に京都へ逃げ帰ってしまう。景親はそれ以前、参戦を頼朝の兵にはばまれ、敵対した畠山重忠《はたけやましげただ》、江戸《えど》重長《しげなが》、河越重頼《かわごえしげより》なども許されたと聞き、頼朝に降参したが、なぜか景親だけは許されることはなかった。

おそらく初戦に大敗したという頼朝の、くやしさが出たのであろう。

すでに源氏に属していた兄・景義によって、固瀬《かたせ》川畔（現・境川《さかいがわ》下流域）で斬首となった。

治承四年（一一八〇）十月二十六日のことである。

生年が不詳のため、享年もわからない。律義者ゆえの、残念な生涯であった。

大庭景親（不詳～1180年）

勢力の巨大さゆえに〝鎌倉殿〟から妬まれた

上総介広常

治承《じしょう》四年（一一八〇）四月、以仁王《もちひとおう》による平家打倒の令旨《りょうじ》が、諸国の源氏に撒《ま》かれたあと、源 頼朝《みなもとのよりとも》は側近の安達盛長《あだちもりなが》を使者に、源氏累代の御家人を招く書状を託した。

このおり、恃《たの》みとされたのが上総介広常《かずさのすけひろつね》（上総＝現・千葉県中部）と千葉権介常胤《ちばごんのすけつねたね》（下総＝現・千葉県北部と茨城県南部）、三浦介義明《みうらのすけよしあき》（相模＝現・神奈川県の大半）の三人の「介《すけ》」――国内の武士を動員できる、豪族的領主であった。

うち、最大兵力を誇っていた広常の向背《こうはい》は、頼朝の運命を握っていたといってよい。

その広常は、

「生きてこの事を承《うけたまわ》る。身の幸いにあらずや、忠を表《あらわ》し名を止《とど》めること、この時にあり」（『源平盛衰記《げんぺいじょうすいき》』）

と早速、了承している。ここまでは、良かったのだが……。

ただし、船の都合をつけるため、八月下旬までは無理だ、とも述べてしまう。

広常は決して、二枚舌を使うような男ではない。事実、そうであったのだろう。

ただ、千葉常胤、三浦義明に比べて、広常の動員兵力は大きすぎた。

これをいかに迅速果敢に、頼朝の前に持って行くかを考えねばならなかったところを、彼は己れの〝力〟のほどを頼朝に見せつけ、驚かせ、そのうえで喜ばせたい、という風に考えた。

関東の豪族らしい稚気が、首をもたげてきたことは理解できなくはない。

そのため、頼朝の初戦となる石橋山の合戦に間に合わず、頼朝が一敗地に塗れて、同月二十七日には真名鶴岬《まなづるみさき》（現・真鶴岬）から船で房総半島の南、安房《あわ》（現・千葉県南部）に逃亡することになった。目指したのは、広常のもとであったのだが……。

途中、下総国府（現・千葉県市川市付近）に頼朝が辿り着くと、広常が堂々の二万騎の軍勢を揃えて、ようやく頼朝のもとに参《さん》じて来る。

このおり頼朝は、複雑な思いで広常の遅参を叱り飛ばしたものの、この大兵力がなければ、その後に膨張する、風見鳥の味方の参陣もあやしくなり、頼朝は鎌倉に辿り着けなかったであろう。

「広常を父と頼み、常胤を母と思うぞ」（延慶本《えんぎょうぼん》『平家物語』）

とまで、頼朝は事前に二人を頼っていた。

ただ、急ぎ兵力を送ることを第一に配慮すべきところ、堂々の演出をやってのけた広常に、頼朝は心中奥深く一物《いちもつ》（たくらみ）を持ってしまう。兵力を持たざるものの嫉妬、敗れた劣等感、これに広常の態度の大きさなどが加わって、ついには〝殺意〟となった。

頼朝にはそれまでの二十年間、被害者意識しかなかったことを、広常はもう少し広く汲《く》み取ってやるべきであったかもしれない。

が、頼朝も広常には心底、感謝の念を持つべきであったろう。

けれども、頼朝に参陣した広常は、世評によれば、事あれかしに期待する人物と伝えられ、場合によっては頼朝を討ち取り、平家に献上してもよい、と考えていたとか。

頼朝がこの大軍を見て喜ぶどころか、遅参を咎《とが》めたので、頼朝の器の大きさに心服した、という挿話もあった。

謀叛心のかけらもなかったが……

頼朝は、広常・常胤の用意した船で太井川《ふといがわ》（のちの江戸川）、隅田川《すみだがわ》を渡り、武蔵国を経て三万騎を超える兵力で鎌倉入りを果たす。敗戦の身を安房に逃れて一ヵ月半、下総到着から一ヵ月あまり――奇跡のような復調ぶりであった。

頼朝は、その後、富士川で平家軍を迎え討ち、京へ逃げた彼らを追って、自ら上洛を果たそうとしたのだが、まずは関東を固めるべし、と広常と常胤、義澄《よしずみ》（戦死した義明の後継）の三人に止められてしまう。

頼朝は上洛の名誉を、思い留まらねばならなかったのだが、その胸中は……。

彼は、己れに言い聞かせていたに相違ない。のどから手が出るほどの、朝廷による東国支配の承認と許可＝後白河法皇による「院宣《いんぜん》」が出たならば、わが意志に反する者、とりわけ上総介広常は誅殺してしかるべし、と。それまでは、我慢あるのみ。

その後の寿永《じゅえい》二年（一一八三）十月、待ちに待った後白河法皇の「院」は、頼朝に対する東国沙汰の公認を正式に伝えた。三年間、頼朝は生きた心地はしなかったであろう。

頼朝はここで初めて、法的根拠を伴う〝鎌倉殿〟となったのである。

二ヵ月後、十二月も押し迫った幕府殿中において、上総介広常が雙六《すごろく》を打っている最中、相手をしていた梶原景時《かじわらかげとき》が、さりげなく盤を越えて広常の頸《くび》をかき切る事件が起きた。

全くの不意討ちであった。

のちに後白河《ごしらかわ》法皇と会ったおり、頼朝は、

「広常は大功ある者でしたが、謀叛心も持っておりましたので、このような郎等をもっていては、私が神仏のご加護を得られませんので、殺しました」

と答えた、と『愚管抄《ぐかんしょう》』は伝えている。

また広常は、常日頃、

上総介広常（不詳～1183年）

「ナンデウ朝家ノ事ヲノミ身グルシク思フゾ。タダ坂東ニカクテアランニ、誰カハ引《ひき》ハタラカサン」（同右）

朝廷を無視して、関東のことだけ考えてほしい、と頼朝に注文してもいた。が、広常の謀叛心は、頼朝の一方的な思い込みに過ぎなかった。

広常誅殺後、上総一宮《いちのみや》（玉前《たまさき》神社）におさめられていた彼の願文《がんもん》が明らかとなる。それによれば広常は、関東武士らしい一徹さで、頼朝への忠義を貫く武士であったことが判明した。

広常の人柄の真っすぐさに猛省したのか、頼朝は広常から没収した所領を、広常の親族に返付している。

もっとも、上総介一族に昔日《せきじつ》の面影を求めることは不可能であった。広常の所領の多くは、頼朝を立てつづけた千葉常胤に授けられていたからである。

広常は生年不詳のため、没年齢がわからない。残念な人物であった。

木曾義仲

義経軍と戦い、流れ矢で討たれ死す

『平家物語』（巻第九）の記す「木曾最期《きそのさいご》」は、この長編物語の白眉《はくび》といってよい。

元暦《げんりゃく》元年（寿永《じゅえい》三年＝一一八四）正月二十日、源《みなもとの》義経《よしつね》に宇治川の戦いで敗れた木曾（源）義仲《よしなか》は、同行していた愛妾・巴《ともえ》を戦場から離脱させると、自身は幼《おさな》なじみの部将・今井兼平《かねひら》を探して、近江（現・滋賀県）の瀬田から粟津へと落ち延びる。

ようやく兼平に巡り会えた義仲は、

「いかに今井、日ごろはなんとも覚えぬうすがね（鎧《よろい》）が、今日は重う覚ゆるや」

と弱音をはいた。

兼平は義仲に、名誉の自害をすすめ、義仲はその言葉に従うが、乗っていた馬の足を深田にとられ、馬が動けなくなってしまう。

もはやこれまでと思いつつ、奮戦する兼平を振り向こうとした刹那《せつな》、義仲は内兜《うちかぶと》を射られて絶命した。

義仲の最期をみとどけると、兼平は己れは太刀を口に、馬上から逆落としとなって、壮絶な自害を遂げる。

久寿元年《きゅうじゅ》（一一五四）、義仲は帯刀先生義賢《たてわきせんじょうよしかた》の次男として生まれている。

幼名は駒王丸《こまおうまる》。父の義賢は、八幡太郎義家《はちまんたろうよしいえ》の孫・為義《ためよし》の次男で、兄・義朝《よしとも》の子・悪源太《あくげんた》義平《よしひら》に殺された。

難を信濃（現・長野県）に逃れて、成長した義仲が、彗星のように歴史の表舞台に現れるのは、治承《じしょう》四年（一一八〇）九月七日のことであった。

同年四月に、後白河法皇《ごしらかわ》（第七十七代天皇）の第三皇子・以仁王《もちひとおう》が、摂津源氏の源頼政《よりまさ》と平家打倒を企て＝令旨《りょうじ》をひそかに諸国の源氏へ回状、義仲はそれによった。

八月に、七歳年長の頼朝（義朝の子）が伊豆で挙兵。つづいて義仲が、旗揚げに及ぶ。

九月七日、義仲は平家の方人《かたうど》（友軍）である南信濃の豪族・笠原平五《かさはらへいご》頼直《よりなお》を、市原の合戦で一蹴し、緒戦を勝利で飾った。

義仲は当初、亡父の故郷・上野国多胡庄《たごのしょう》（現・群馬県高崎市吉井町）へ進出を計画するが、頼朝に認められず、「敵は平家であり、源氏同士ではない」と思い直して、自らは千曲川《ちくま》の支流・依田川《よだ》の畔《ほとり》に本拠地を構え直す。

それが呼び水となり、平家方の越後（現・新潟県）の大豪族・城《じょう》氏との対決が、養和《ようわ》元年（一一八一）六月に勃発する。

兵四万の城軍に、義仲は三千余騎をもって出撃。善光寺平にほど近い、千曲川畔の横田河原にこれを迎撃、圧勝した。

義仲は越中《えっちゅう》（現・富山県）、加賀《かが》・能登《のと》（現・石川県）、越前《えちぜん》（現・福井県北部）の武士を吸収し、奔河《ほんが》の勢いを示すが、この年は全国的な飢饉で、源平両陣営は一時、休戦を余儀なくされる。

寿永《じゅえい》二年（一一八三）三月、再び義仲と頼朝の間に、一触即発の危機が訪れたが、義仲は嫡子の義高《よしたか》を鎌倉へ人質に送り、対立決戦を回避した。

失った信用と飢饉のため挙兵

四月、今度は小松中将《こまつちゅうじょう》こと平維盛《これもり》（清盛の孫・重盛の子）以下、平家の十万余に及ぶ大追討軍が、義仲へ向けられた。数と勢いに乗る平家は、木曾軍の先鋒を突破。加賀、越中国境の礪波山《となみやま》までなんなく進出を果たす。

義仲は率いた五万余の軍勢を二手にわけ、一軍を平家の正面と右翼に向かわせる一方、一軍をひそかに敵の背後に迂回させて、挟撃と奇襲で平家軍を攻め、彼らを山中の倶利伽《くりか》羅《ら》谷へ追い落とした。

「さしも深き谷一つ、平家の勢七万余騎にてぞ埋《う》みける。巌泉《がんせん》血を流し、死骸丘をなす」

（『平家物語』巻第七）

大勝した義仲は、平家の都落ちに応ずるように、六万の軍勢を引きつれ、頼朝に先んじて、念願の上洛を果たす（義仲、三十歳）。

後白河法皇に拝謁を許され、京都守護を命ぜられた義仲であったが、このあたりからその人気は凋落の一途をたどる。

先年来の飢饉の後遺症は、かえって全国的な広がりをみせ、消費都市の京都はとりわけ悲惨な状況にあった。

――そのすべての禍《わざわい》を、義仲は背負わされたに等しい。

加えて、宮中作法になじめなかった彼は、一面、哀れを通り越して、滑稽ですらあった。

その極めつきが、猫間《ねこま》（藤原）中納言光隆《ちゅうなごんみつたか》の来訪を告げられた義仲が、

「猫が人に対面するのか」

といい、公卿だと聞かされると、すぐに食膳を用意して歓待する場面である。

なんでも新しい物を、〝無塩《ぶえん》〟というのだと勘違いした義仲は、

「ここに無塩の平茸《ひらたけ》がある。はやく、はやく」

と調理を急がせた。

木曾育ちの彼は、精進物に対して塩気のない新鮮な魚鳥の肉を、〝無塩〟ということを知らなかった。彼は決して、中納言を軽んじていたのではなかったのだが……。

ちなみに、平家が源氏に敗れたのは、武士が公家化してしまい、動物性タンパク質や脂肪分を避け、塩分を嫌うようになったことが原因との指摘もあった。

猫間中納言の挿話《エピソード》では笑いものにされてしまった義仲だが、じつはこの二人は歴史上、親密な関係にあった。

『尊卑分脈《そんぴぶんみゃく》』によれば、中納言の母は近衛《このえ》天皇（第七十六代）の乳母《めのと》を務めており、義仲の父は皇太子警固の衛士《えし》の長《おさ》＝帯刀先生《く》であった。年表を繰れば、そのおりの皇太子が体仁《なりひと》親王であり、即位して近衛天皇となったことが知れる。

木曾義仲（1154～1184年）

義仲は頼ってきた北陸宮《ほくりくのみや》（以仁王の子）を皇位につけるべく、猫間中納言と画策していたに相違なかった。

だが、義仲の優しさ、見方をかえれば優柔不断さが災いし、旭《あさひ》将軍義仲は、後白河法皇に翻弄されてついには守勢に転じ、一代の雄図《ゆうと》を抱きながら、この世を去ってしまう。

壇ノ浦合戦に散った平家の〝常勝将軍〟

平知盛

一ノ谷（現・兵庫県神戸市）、讃岐《さぬき》（現・香川県）の屋島《やしま》と連敗した平家は、瀬戸内海の制海権をも握って勢いに乗る源氏を、一挙に潰滅せんものと、軍船五百艘をもって九州は田ノ浦に集結した。

攻め来る源氏の水軍は、八百艘。兵力の差は、明白であった。

この劣勢を覆すべく、平家の陣頭指揮を執ったのが、平清盛《たいらのきよもり》の四男知盛《とももり》であった。

知盛の戦術は、東方から迫る源氏を海峡の入口で迎え討ち、潮流に乗じて西から東へ圧するというもの。ただし、潮の流れを計算に入れると、勝敗の鍵は午前中にこそあった。午後になれば潮は停止し、逆流する。そうなれば、、平家側に勝ち目はない。

予想戦域は、壇ノ浦辺り——。

短期決戦で勝利を得るには、敵の主将・源義経《みなもとのよしつね》を討ち取る必要があった。

知盛はその方便として、幼帝・安徳《あんとく》天皇（第八十一代）と三種の神器が座乗している、と見せかけた〝御座船《ござぶね》〟を用意した。

義経が勇を好むあまり、大将でありながら諸将を出し抜いて駆け巡る性癖は、これまでの戦いで実証済みだった。

「さそい出して、討ち取る」

知盛の作戦は、これに尽きた。

いささか余談ながら、清盛の没後、平家の惣領は内大臣・宗盛《むねもり》を中心に、宮廷内の外交は時忠《ときただ》（宗盛の叔父）が担当し、知盛が軍事の指導権を掌握する形で、再編成されていた。知盛は、義経のような天才肌の戦術家ではなかったが、智謀と胆力に富み、清盛にとっては〝最愛の息子〟であったかと思われる。

知盛とその率いる軍団の実力が、はじめて世に知られたのは治承《じしょう》四年（一一八〇）の末、源氏の叛乱が美濃から近江へ広がり、戦局が激化したときであった。

知盛は「東国追討使大将軍」となって、近江へ出馬した（『尊卑分脈』では「征夷大将軍」に任じられた、とある）。知盛は絶大な戦果をあげたが、残敵の掃蕩《そうとう》も終えないまま病臥し、やむなく都へ立ち戻っている。

が、宿命の大将軍は休む暇も与えられない。

寿永《じゅえい》二年（一一八三）七月、木曾《きそ》義仲《よしなか》の率いる北陸勢が都に迫ると、知盛は甥の資盛《すけもり》を将軍として、清盛の〝専一腹心の者〟と称された平貞能《さだよし》を副将軍に、千余の軍勢を宇治田《うじた》原《わら》方面に向けて義仲軍の腹背を衝かせ、自らは重衡《しげひら》（知盛の弟）や頼盛《よりもり》（清盛の異母弟）らとともに、瀬田川にこれを迎撃する作戦を立てた。

しかし、資盛の軍勢が源行家《ゆきいえ》らの軍勢に牽制されて前進できない。

そのため、宗盛や知盛は、義仲と決戦して都を焦土と化すのを避け、にわかに都落ちの方針を立てて、捲土重来を期したのであった。

西海において勢力を恢復《かいふく》した平家は、寿永二年十一月、播磨国の室山《むろやま》（現・兵庫県たつの市）にて源行家の軍勢を散々に撃破した。

寿永三年の一ノ谷の合戦では、知盛は重衡とともに生田の森に布陣。正面主力の源範頼《のりより》麾下《きか》の鎌倉勢を防ぎ、一歩も退いていない。

だが、この間に義経は後方からの奇襲を敢行。混乱に陥った平家勢は、総崩れとなってしまった。

わが子も見捨て生き延びる

乱戦の中を知盛は、息子の武蔵守《むさしのかみ》知章《ともあき》、家来の主従三騎で落ちのびようとしたが、源氏の武士十騎ばかりに追いすがられる。

知盛の危機に遭遇し、雄々しく敵に立ち向かった知章は、ここで討死《うちじに》してしまった。

知盛はやがて宗盛に会うと、涙を流していう。

「よう命は惜しい物にて候ひけりと、今こそ思ひしられて候へ」

軍事の最高指揮官としての責任上、知盛はわが子を見殺しにしても、あえて生き延びねばならない自分の立場の苦しさを、宗盛に訴えたのである。そして、壇ノ《だんの》浦《うら》合戦——。

『平家物語』（巻十一）によると、権中納言《ごんのちゅうなごん》知盛は、一大決戦を前にして去就の定かでない阿波民部《あわのみんぶ》こと田口成能《たぐちしげよし》の首を刎《は》ねるように、と宗盛に求めたが、宗盛はそれを許さなかった。この時点で知盛は、成能の率いる水軍が裏切り、平家軍を苦境に陥れることを予想していたのである。

だが、知盛には惣領たる兄の決定に、さからうことなど思いもよらなかった。

他方、義経はさすがに、知盛の作戦を見破っていた。午前をもちこたえれば、潮は逆流して源氏側が有利となる。義経はいかに時間を稼ぐか、に知恵を絞り、陸地から遠矢を射かけさせ、平家の進攻をわずかでも押しとどめようと企てた。

いまひとつ、当時の合戦においては、卑怯な行為とされた、敵船の操舵者を射殺するように命じる。

「勝敗は天にあずけよ、名こそ惜しめ、命を捨てよ」

といわれた時代である。

源氏は総じて船戦にうとく、舵《かじ》を取る水夫を弓矢で殺す行為が、敵の乗馬を狙うのと同

平知盛（1152～1185年）

様、禁じ手であることを知らなかった。

戦いはつねに、卑怯と見做《みな》された範疇に、先に踏み込んだ方が勝利するとの原理・原則をもっていた。

開戦になり、平家は押しに押し、優勢を保ちつつも、決定的痛撃にはいたらない。義経が〝御座船〟に向かってこないのである。

やがて潮が止まった。この変化とともに、知盛が予想していたとおり、田口成能が寝返る。勝敗は、知盛の不本意な形で決着した。

「いたう罪な作り給《たま》ひそ」

いくら敵を倒しても、もはや大勢を挽回できぬからには、無益な殺生は思いとどまれ——知盛はそう味方に告げると、本物の安徳帝の御座船に乗り移り、一門とともに海に沈んだ。

ときに寿永四年三月二十四日、美意識に殉じた知盛は三十四歳であった。

兄・頼朝の心が読めなかった源義経

『孫子』にいわく、

「兵は拙速を聞く、未《いま》だ巧みの久しきを睹《み》ず」

考えてみれば、時代の転換期を乗り切り、次代を切り拓いたのは、常に「拙速」であったように思われる。

その好例が、源平合戦の時代に彗星《すいせい》の如《ごと》く現れた、源　義経《みなもとのよしつね》であったろう。

歴史の表舞台への、彼の具体的な登場は、寿永三年（一一八四）正月二十日のことであった。

この日、京都を占拠していた木曾義仲《きそよしなか》を、義経は怯《ひる》むことなく一蹴した。

「迅速こそが勝利である」

とするのが、義経の戦術眼であり、むしろ信仰であったといえる。

彼は大将でありながら、中軍や後ろに位置することなく、常に先頭に立って、攻めかかる武者たちを叱咤激励した。

この頃、先に京都を脱し、西方に移動した平家は、幼い安徳《あんとく》天皇を擁して勢いを盛り返し、瀬戸内海を制圧。千艘《そう》に及ぶ船を各港に浮かべ、本営を京都から七十キロメートルの地点・福原に進出させていた。総勢は、二万騎を下らない。

とりわけ福原西方の一ノ谷の海岸には、砂浜が狭く険山が海に迫っている、難攻不落の城塞を築城。正面の海には、大船団を配していた。

ところが、これを攻める源氏はそもそも船戦が下手で、その兵数は、義経とその異母兄・源範頼《のりより》の軍勢を合わせても、三千騎に満たなかった。義経はこの劣勢を、速さで補おうとした。

情報収集をしたところ、気の遠くなるような迂回路を経て、一ノ谷の後方に出られることが判明する。しかし、源氏の諸将は、この奇襲戦に反対した。なぜならば、武士の合戦は正々堂々となさねばならない、との暗黙の規則《ルール》があったからだ。

それでいて、この無謀ともいえる奇襲作戦が採用されたのは、京都進攻時における義経の心ばえと、兵力の格段に少ない味方を危ぶみ、それゆえにこそ早期攻撃を源氏の諸将が望んだからにほかならなかった。

主力は異母兄の範頼が率いて、一ノ谷の正面へ。兵数は三千騎。義経は別働隊をもって間道を取り、迂回して一ノ谷の後方に――。

この作戦は、両軍が同時に攻撃を開始しなければ効果は上がらなかった。

「二月七日、早朝を期して――」

と軍議は決した。

義経は作戦決行に当たり、量より質を取った。別働隊＝二百騎は少数ではあったが、弓の上手、馬の練達者が厳選された。彼は、脳裏に地図を描きながら、迅速に進軍した。途中で二百騎の中から三十騎を割くと、この三十騎を自らが従えて、一ノ谷の後方・高尾山に分け入った。高尾山前面の高地が、〝鵯越《ひよどりごえ》〟である。

熊笹に覆われたこの地は、断層がそそり立ち、はるか下の谷に風が鳴っていた。崖の坂を登りきると、眼下に海が見える。道らしいものはどこにもなかった。

義経は猟師を探し出して、一ノ谷に通じる僅かなけもの道があることを知る。

「その道を、鹿は通うか」

と義経が問うと、猟師は鹿ならば通うと答えた。

ここで、義経は歴史に残る名言を吐く。

「鹿が通うのだ。馬が通れぬことはあるまい」

義経は自ら先頭に立つと、一気に崖を逆落としに下った。眼下の平家軍は周章狼狽《しゅうしょうろうばい》した。

まさか頭上から、敵勢が降ってくるとは――。

兄弟の気持ちはすれ違い、悲劇の結果に

平家軍は大混乱となり、兵数、地の理において圧倒的に勝り、敗れるはずのなかった陣を敷いていながら、一ノ谷の合戦を落としてしまった。つづく讃岐《さぬき》（現・香川県）の屋島《やしま》でも、源平最後の決戦である壇ノ浦《だんのうら》でも、義経の奇抜な発想は展開される。

屋島では、瀬戸内海一面に浮かぶ平家船団を無視。義経は敵の主営・屋島のみを注視し、船を集めて嵐の中を「拙速」に船出して、本営を覆滅する挙に出た。

壇ノ浦では、船を漕ぐ水夫《かこ》を弓で射るという、当時の武士にとっては卑怯《ひきょう》とされた戦法を、あえて用いて勝利をものにしている。

だが、源氏に勝利をもたらせても、常勝の義経の周りには、然るべき武士団が集まることはなかった。兄・頼朝《よりとも》にさえ認められているならば、それだけでいい、と割り切っていた義経だったが、結局はその兄に捨てられることとなる。

義経には、関東武者たちによって擁立されている、いわば神輿《みこし》のような存在の、頼朝の心中が皆目、理解できなかったようだ。

義経は大いなる、誤解をしていたのである。

源氏の棟梁《とうりょう》ゆえ、頼朝は地方武士団を従えていたのではなかった。彼は関東武士団の利

益を平家以上に認め、自らがその象徴と化すことができたからこそ、棟梁としての立場、存続が許されていたのである。

その証左に、源平合戦終結まで頼朝は、鎌倉を離れていない。

義経は、「拙速」な戦術で連勝しながら、そうした兄の心情、武士団の心中を忖度《そんたく》できなかった。最大の長所は、致命的欠点につながっている。

源義経（1159～1189年）

義経は戦いと戦いの合間に立ち止まって、周囲を見る必要があった。

敵は前にだけいるものではない。周囲、後方にも目を配るべきであったのだ。

それを怠ったがゆえの、滅亡――大いなる失敗といえようか。

享年は三十一と伝えられている。

残念。

御家人たちに排除された鎌倉殿〝一の郎党〟

梶原景時

〝鎌倉殿の13人〟——鎌倉幕府御家人十三人による合議制は、〝鎌倉殿〟＝源《みなもとの》頼朝《よりとも》の急逝が原因で誕生したといえる。

建久《けんきゅう》十年（一一九九）四月のことである。

このとき、幕府の侍《さむらい》所別当《どころべっとう》として、主要メンバーであったのが梶原平三景時《かじわらへいぞうかげとき》——彼と頼朝の縁は、治承《じしょう》四年（一一八〇）八月、頼朝が平家打倒の挙兵をした初戦、石橋山《いしばしやま》の合戦に遡《さかのぼ》る。

大庭景親《おおばかげちか》を中心とする平家方に敗れ、洞穴に隠れていたところを発見しながら、景時は頼朝を見逃した。景時は相模国御厨内《みくりやのうち》梶原郷（現・神奈川県鎌倉市）の豪族で、大庭の一族でもあった。

もし景時が頼朝を引きずり出し、処刑に及んだとすれば、日本の歴史は大きく変わり、木曾義仲《きそよしなか》らの決起があったとしても、源義経《よしつね》の登場はあやしくなり、鎌倉幕府の誕生はそもそもなかったかもしれない。

　ほどなく景時は頼朝のもとへ参向し、大いに信任されて木曾義仲の追討や源義経による一ノ谷の戦いなどでも戦功をあげている。

　戦後には一躍、播磨《はりま》（現・兵庫県南西部）・美作《みまさか》（現・岡山県北東部）両国の守護に栄達。義経と対立したものの、頼朝の信任は動かず、侍所所司《しょし》兼厩《うまやの》別当《べっとう》などの要職を歴任し、その権勢は幕府内でも突出していた。

　そして、頼朝の死である。

　急ぎ、彼の嫡子・頼家《よりいえ》が二代将軍となったものの、十八歳の若者に幕府の経営能力は期待できない。

　なにしろ、この政権は坂東《ばんどう》（関東地方）の豪族たちの集合体であり、政治家として能力の高い頼朝をもってしても、彼らの統制は万全とはいえなかった。

　まして弱年でなお、気性の矯激《きょうげき》な頼家が、幕政を親裁できるはずもなかったろう。生まれながら二代将軍を約束されていた頼家には、父が経てきた御家人たちへの労苦や配慮は知るよしもなかったろう。

　さらに、頼家の乳母《めのと》をつとめた比企《ひき》氏は、頼朝の代からの乳母であり、頼家は外祖父である北条時政《ほうじょうときまさ》を嫌う一方で、乳母夫《めのとぶ》＝比企能員《よしかず》の娘を妻とし、この家の人々に甘やかされ、すでに一幡《いちまん》という男子をあげていた。比企氏は頼家が将軍となるや、急速に発言力を増している。

時政《ときまさ》は北条家の前途に不安を感じるようになり、頼家の将軍としての力を無力化する手立てを講じる。それが、嫡子の義時《よしとき》とともに、十三人の宿老による合議制を布《し》き、将軍の親裁権を停止させる処置であった。

このおりの顔ぶれ《メンバー》は、二派に大別することができる。

第一は大江広元《おおえのひろもと》、三善康信《みよしやすのぶ》、中原親能《なかはらちかよし》、二階堂行政《にかいどうゆきまさ》の、京より下ってきた官僚たちのグループ計四人。今ひとつは、豪族の族長たち――三浦義澄《みうらよしずみ》・和田義盛《わだよしもり》・比企能員・安達盛長《あだちもりなが》・足立遠元《あだちとおもと》・梶原景時《かじわらかげとき》・八田知家《はったともいえ》の計七人であった。

これに時政と息子の義時を数えて、十三人となる。

しかし頼家は、この宿老合議制に納得しなかった。

結果、外祖父は孫を窮地に追う。ターゲットとなったのが、頼朝についで頼家にも信任されていた梶原景時であった。

なぜか一言も弁明せず追放されてしまう

ことの起こりは、侍所に出仕していた結城朝光《ゆうきともみつ》が夢に亡き頼朝の姿をみたといい、往時を追憶してつい、「昔はよかった。しかし、今は……」と愚痴ったあげく、頼朝さまが止めたので、それがしは殉死しなかったが残念である、というようなことを人々に語ったことであった。

それを聞いた時政の娘・阿波局《あわのつぼね》（政子の妹）が、朝光に「景時が、あなたのことを将軍頼家に讒訴《ざんそ》した」と告げる。

景時は坂東武者のなかではめずらしく、実務処理能力が高く、京下りの官僚とも意思疎通のはかれる人物であった。見方を変えれば、時政らにとっては手ごわい宿敵《ライバル》であったといえる。

朝光は景時の讒訴の一件を、三浦義村《よしむら》に相談した。それがいつしか飛躍して、このさい景時を弾劾しようということになり、御家人六十六人が集った。

彼らは皆、景時が不気味でならなかったようだ。彼らは政所《まんどころ》別当の大江広元へ、「景時弾劾の状」を持参。将軍への提出を求めた。

だが、先代頼朝以来、将軍の側近として重きをなしてきた景時をはばかり、広元が提出を逡巡《しゅんじゅん》。苛立《いらだ》つ和田義盛の膝詰談判で、ようやく弾劾状は頼家の許《もと》へあげられる。

将軍頼家は、やはり父に似ないうつけ者であった。

そのまま弾劾状について景時に尋ね、彼が一言も弁明しなかったことで、罪状を認めてしまう。

景時は鎌倉を追放され、翌正治《しょうじ》二年（一二〇〇）、一族を率いて上洛を企てたものの、

梶原景時（不詳～1200年）

駿河国清見関《きよみがせき》（現・静岡県静岡市清水区）まできたところで、討手《うって》により族滅してしまった。

「一の郎党ともいうべき景時を討たせるとは、なんと頼家は愚かものか」

天台座主《てんだいざす》の慈円《じえん》は、将軍の思慮のなさを嘆いたが、この二代将軍は己れの権力を支えていた大きな柱を一本、自ら切り倒したことに気づかなかった。

頼朝は生前、老練な時政と景時を左右に据え、互いに牽制させつつ良き助言のみを採用し、次代の俊才をわが子の補弼《ほひつ》として育成する体制を考えていた。が、途中で逝ってしまった。不運としか、いいようがない。

景時の生年は不詳だが、享年は一説に六十代といわれている。

北条氏の陰謀に死した英傑
畠山重忠

「昭和」の戦後以来、歴史の世界から姿を消した人物は少なくない。

その一人に、鎌倉武士の理想として、その誠実で思いやりのある人柄——気はやさしくて力持ち（忠恕《ちゅうじょ》）、を多くの人に敬慕された、畠山重忠《はたけやましげただ》がいた。

源平争乱の山場の一つ、源　義経《みなもとのよしつね》の鵯越《ひよどりごえ》の逆落としの名場面に、重忠は唐突に姿を現す。

「鹿も四ツ足、馬も四ツ足」

そういって、峻嶮《しゅんけん》な崖を一気に駆け下ろうとする義経と対比するように、重忠はこれまで合戦で苦楽を共にしてきた愛馬・三日月《みかづき》の労をねぎらい、鎧の上にこの馬を背負って、急な坂を降りたというのだ。

引きちぎった椎《しい》の枝を杖がわりにして、ゆるゆると坂を下った、重忠のユーモラスな挿話は、「昭和」の戦前・戦中、知らない者はいなかった。

とくに、子供には大いに受けた。

筆者はこの馬を担《かつ》ぐ話を、真剣に想像し、具体的に考えたものだ。

当時の国産馬（ポニーの大きさ）なら、左右の前足を肩にのせ、後足を地につけたまま、杖を頼れば、なんとか坂を下れる、見方によっては担いだようにみえたかもしれない、と。

ところがこの話、『平家物語』『吾妻鏡』には記載がなかった。

出典は、脚色の多いことで知られる『源平盛衰記』のみ。

さらに検証すれば、どうやら重忠は、義経が途中で二手にわけた本隊の大将軍・安田義《よし》定《さだ》（甲斐《かい》源氏）の軍に属していたことが知れた。

つまり、鵯越には参加していなかったのだ。

大いにガッカリしたが、重忠の死後二十年にして書かれた『愚管抄』には、

「重忠ハ武士ノ方ハソノミタリテ第一ニ聞ヘキ」

とあった。武士としては第一級の人物だ、と評判をとっていたというのだ。

では、その実体は――。

重忠は長寛《ちょうかん》二年（一一六四）、現在の埼玉県深谷市畠山に生まれている。

幼名を氏王丸、父の畠山庄司重能《しょうじしげよし》は、〝坂東八平氏〟の一《いつ》・秩父氏の本流であった。

重能は二歳の木曾義仲《きそよしなか》の生命《いのち》を救った恩人の一人であり、妻（重忠の母）は豪族・三浦《みうら》義明《よしあき》の娘――。

重忠は平家全盛期を少年時代として過ごし、父と共に京にも出て、一方で風流の道も修

得していた。

源頼朝《よりとも》が挙兵したおり、父が大番役で不在のため、重忠は十七歳で一族の指揮をとった。父が京にあったことから、頼朝側についた三浦方と一戦を交え、さらにはその本拠地・衣《きぬ》笠《がさ》城を攻め、外祖父の義明を討死《うちじに》させてしまう（享年、八十九）。

北条時政も恐れた名声と実力の持ち主

その後、頼朝のもと関東武士団が急膨張する中、重忠は頼朝に帰服する。

このおり重忠は、五百騎を率いて、源氏の旗標である白旗を指して表れ、頼朝がいち早くこれを見咎めて詰問すると、

「四代前の畠山武綱《たけつな》が、八幡太郎義家（頼朝の四代前）に従い、奥州攻めの先陣をつとめたおり、戦功によって賜ったものです」

と重忠は答えた。

その言動に納得した頼朝は、重忠に、

「以後の先陣はそなたに任せる」

と機嫌よく応じたという。

事実、重忠は相模平定の先陣をつとめたが、これは彼の名声《ネームバリュー》を頼朝が、利用してのこ

とのように思われる。

富士川の合戦で敗走した平家の侍大将・上総介忠清《ただきよ》は、名門の畠山一族を味方にできなかったことを、己れの敗因にあげていた。

寿永《じゅえい》三年（一一八四）正月二十日の早朝、上洛を目指して義経軍が宇治川畔まで進出したおり、重忠が「瀬《せ》踏《ぶ》み仕《つかまつ》らん」と申し出て、馬筏《うまいかだ》を組み、急流を押し渡った。

このとき、渡河半ばで乗馬を射られた重忠は、川に落ちながらも水中をもぐり、対岸へ。岸近くで味方の大串重親《おおくししげちか》が溺《おぼ》れかけ、縋《すが》ってくると、重忠は持ち前の怪力をもって、重親を軽々と岸へ投げあげたという。

腕力の強さ、それによる剛弓は、重忠が鎌倉一であったという。

その一方で、源平争乱ののち、義経の愛妾・静御前が捕らえられ、鎌倉で頼朝・政子《まさこ》夫妻の前で、舞を舞ったおり、銅拍子を重忠が、鼓《つづみ》を工藤祐経《すけつね》が、各々つとめている。

重忠は音曲にも長じていた。

また彼は、頼朝に謀叛を疑われたことがあったが、起請文を書いたらどうか、という友人の下河辺《しもこうべ》行平《ゆきひら》に対して、

「わが身が潔白である以上、必要ない。起請文は、やましい心を持つ者が書くもの。武士に二言はない」

と返答し、頼朝を感動させたこともあった。

奥州の藤原泰衡《やすひら》を討つべく征伐に赴いたおり、大手の先陣を重忠はまかされ、みごと武功をあげている。

頼朝に二代将軍頼家《よりいえ》の保護を、死出の枕辺に託された「謹直」な重忠であったが、その後、妻の父である北条時政にその名声と実力を恐れられ、わが子の六郎重保《しげやす》を元久《げんきゅう》二年（一二〇五）六月二十二日にだまし討ちで殺され、自らも同じ日、鎌倉の大軍によって討たれてしまう。

重忠、ときに四十二歳。男の厄年であった。

重忠の旧領は北条氏が相続、その統治のためもあり、鎌倉武士の鑑・「寛《かん》仁大度《じんたいど》」の重忠像が、必要以上に喧伝されることになった。

せめてもの、重忠への弔《とむら》いとなったであろうか。

畠山重忠（1164～1205年）

承久の乱の敗北後、隠岐島に逝く

後鳥羽上皇

第八十二代の後鳥羽《ごとば》天皇は、治承《じしょう》四年（一一八〇）七月十四日、高倉《たかくら》上皇（第八十代天皇）の第四皇子として、京都五条に生まれた。

諱《いみな》は尊成《たかひら》（たかなり、とも）といい、母は修理大夫《しゅりのだいぶ》坊門《ぼうもん》（藤原）信隆《のぶたか》の娘《むすめ》・殖子《しょくし》である。

この年は、五月に以仁王《もちひとおう》（第七十七代・後白河天皇の第三皇子）が平家討伐の兵を挙げ、八月には源《みなもとのよりとも》頼朝が伊豆で、九月には木曾《きそ》義仲《よしなか》が信州（現・長野県）で挙兵するといった、源平合戦勃発直後の世情騒然とした時期であった。

寿永《じゅえい》二年（一一八三）、木曾義仲が入洛すると、平家一門は後鳥羽の兄・安徳《あんとく》帝（第八十一代）を擁して都落ちしたため、すでに高倉上皇が没していたこともあり、同年八月二十日、尊成親王は祖父の後白河《ごしらかわ》の詔《みことのり》により践祚《せんそ》、翌元暦《げんりゃく》元年（一一八四）七月二十八日に即位する。

この即位は、皇位の象徴ともいうべき三種の神器を、平家が持ち去っていたので、神器のないまま異例の皇位継承となった。

後鳥羽天皇は、歴代の天皇には稀有な、文武両道に秀でた帝であった。

とくに和歌に非凡の才を発揮、藤原定家《さだいえ》をも凌ぐといわれ、建仁《けんにん》元年（一二〇一）には、衰退していた和歌所《わかどころ》を再興し、のちに『新古今和歌集』を勅撰している。

また琵琶、箏、笛などにも堪能であったが、水練、射芸、相撲などの武技も嗜み、太刀を鑑定するだけでなく、自らがこれを鍛えるといった、誠に多才な帝であった。

英邁な天皇であっただけに、建久《けんきゅう》九年（一一九八）、為仁《ためひと》親王（のちの第八十三代・土《つち》御門《みかど》天皇）に譲位して上皇となってからは、源頼朝による鎌倉幕府の成立にともない、衰退しつつあった朝廷権力の回復に、心を砕くこととなる。

上皇は従前からの北面《ほくめん》の武士《ぶし》に加え、新たに西面《さいめん》の武士《ぶし》を設け、鎌倉幕府との関係においては、三代将軍の源実朝《さねとも》を朝廷に臣従させ、朝幕関係の融和をはかった。

が、実朝の幕府内での影響力は弱く、執権北条氏をはじめ御家人らの権益擁護派と対立。建保《けんぽう》七年（一二一九）、実朝が公暁《こうぎょう》（くぎょう、とも・二代将軍頼家《よりいえ》の遺児）に暗殺されるにおよんで、上皇の朝幕融和策は水泡に帰す。

こと茲《ここ》に至って上皇は、ようやく執権北条氏討伐＝討幕の決意を固め、先に土御門天皇より皇位を継承していた順徳《じゅんとく》天皇（第八十四代）から、皇子懐成《かねなり》親王（第八十五代・仲《ちゅう》恭《きょう》天皇）に譲位させると、順徳を相談相手に、ときの二代執権・北条義時《よしとき》討伐計画を、着々と巡らせるのであった。

文武両道に秀でても、討幕は叶わず

承久《じょうきゅう》三年（一二二一）五月十四日、後鳥羽上皇は、高陽院《かやのいん》に二位法印尊長《そんちょう》、藤原一門はじめ主だった公卿、僧侶らを召集すると、五畿七道に北条義時追討の院宣《いんぜん》を発した。世にいう、承久の乱の勃発である。

このとき五十九歳の北条義時は、のちに〝尼将軍〟とよばれる、六十五歳になる北条政《まさ》子《こ》の協力を得て、武力による対決姿勢を明確化した。

東国武士に義時討伐を促す後鳥羽上皇の院宣に対抗して、御家人たちを前に、政子は毅《き》然《ぜん》たる態度をもって言い放つのであった。

「――故頼朝公が朝敵を征伐し、関東に幕府を草創してよりこのかた、官位といい、俸禄《ほうろく》といい、その恩はすでに山よりも高く、大海よりも深い。〈中略〉しかるに今、逆臣の讒《ざん》言《げん》によって朝廷から追討の命が下された。名を惜しむ者は、早く敵を討ち取って、三代の将軍の遺跡《ゆいせき》をまっとうすべし」（『吾妻鏡』より筆者意訳）

政子は義時の姉＝北条氏としてではなく、亡夫頼朝の開いた幕府の代理としての立場をもって、朝廷の義時討伐を、幕府の存続にすりかえ、坂東武士の団結、奮起をうながしたといえる。

尼将軍政子の檄《げき》は効いた。鎌倉めざして続々と、坂東武者が馳せ参じる。

そして五月二十二日、義時の嫡子泰時《やすとき》（三十九歳）が総大将として出陣。二十五日には十数万の大軍勢が鎌倉を発ち、怒濤の進撃は木津川その他の合戦で院勢を打ち破り、ついに宇治川を越えて京へ入る。

後鳥羽上皇には具体的な戦術構想がなく、武士は院にひれ伏すもの、との思い込みが強すぎた。

自ら戦場に立つこともなく敗北した上皇は、鳥羽院に幽閉され、出家して「良然」を称し、法皇となった。が、都にあったのはほんの束の間。

七月十三日、法皇は隠岐島に流され、順徳上皇は佐渡へ、関わりのなかった土御門上皇までが、自らすすんで土佐（現・高知県）へ渡っている。在位七十日あまりの仲恭天皇も廃された。

隠岐国苅田郷（現・島根県隠岐郡海士町《あま》）の御所での後鳥羽は、和歌に心を慰められながら、京に帰れる日を一日千秋の想いで待ちわびた。

しかし、法皇の願いも空しく、延応《えんおう》元年（一二三九）二月二十二日、ふたたび都の地をふむこともなく、失意の法皇は配所にて崩御する。享年、六十。

没後、法皇には顕徳院《けんとくいん》の諡《おくりな》が贈られたが、やがて誰言うとなく、

後鳥羽上皇（1180 〜 1239 年）

「離島で帰京の日をひたすら待ちわびた、法皇の怨霊が現れる」

という噂が流れ、それを恐れたのか、仁治《にんじ》三年（一二四二）に諡号《しごう》は後鳥羽院と改められたという。

我こそは
新島守よ隠岐の海の
あらき波風心してふけ
（後鳥羽院御百首）

その気《き》概《がい》だけは、失われていなかったと信じたい。

承久の乱以後、日本は武権が〝文〟を抑える形で、政治が行われることとなる。

その影響は、昭和のアジア・太平洋戦争の敗戦までつづいた。否、高度経済成長期もその余情といえなくもない。

第二章　戦国は修羅の世界

織田信長

人間五十年――〝天下布武〟最後の仕事とは

日本人が一番憧《あこが》れる逝《い》き方は、戦国の覇王・織田信長《おだのぶなが》が演じた最期《さいご》かもしれない。

天正《てんしょう》十年（一五八二）六月二日の午前六時ごろ、京都・本能寺に宿泊していた信長は、表の騒がしさに目を覚ました。最初、足軽が喧嘩《けんか》でもしているのかと思ったようだが、鬨《とき》の声があがり、鉄砲の銃音が聞こえてくる。

「是《こ》れは謀叛か、如何《いか》なる者の企《くわだ》てぞ」（『信長公記《しんちょうこうき》』以下、会話文同じ）

信長の問いかけに、次室で宿直《とのい》をしていた森蘭丸《らんまる》（織田家の部将・森可成《よしなり》の三男）が物見に出、馳《は》せ戻って、

「明智が者と見え申《もう》し候《そうろう》」

と言上した。聞くなり信長はただ一言、発する。

「是非《ぜひ》に及《およ》ばず」

言葉が短すぎて、その意味がわかりにくい。織田家の第二位《ナンバーツー》ともいうべき明智光秀《あけちみつひで》ほど

の者に包囲されたからには、もはやこれまで、という直訳でいいのか、それとももっと深い感慨《かんがい》（身にしみて感じること）、心情を込めたものであったのか。

信長は表御堂《おもてみどう》に駆け出し、自ら防戦に参加。はじめは弓を射たが弓弦《ゆづる》が切れ、次には鎗《やり》をとって戦った。

この信じられないほどの働き者は、最後の最後まで己れを働かせ続けた。

だが、肘《ひじ》に鎗疵《やりきず》をうけて、ついには働けなくなる。

御殿内に退いた信長は、

「女はくるしからず、急ぎ罷《まか》り出《い》でよ」

婦女子を脱出させる余裕をみせ、燃えさかる殿中深くへわけ入り、内側から戸口を閉ざし、さらに障子をつめ、室内に座り込む。

もはや信長の仕事は、この世の自分を殺すこと以外には何もなかったろう。戦国の世を自己流で生き抜いてきた彼にとって、自分を殺す者は自分のほかには、あり得なかったに違いない。

信長は自刃して、己れを炎のなかに葬った。まさに、彼が平素愛誦していた、

〝人間五十年
下天《げてん》のうちをくらぶれば
夢幻《ゆめまぼろし》の如くなり〟

幸若舞《こうわかまい》の「敦盛《あつもり》」の文句そのままの、波瀾に満ちた四十九歳の生涯であった。

本能寺の異変を妙覚寺《みょうかくじ》で知った嗣子《しし》（跡継ぎ）の信忠《のぶただ》は、父の救出に向かったものの、途中、落去したことを京都所司代《しょしだい》の村井貞勝《さだかつ》から聞かされ、手勢をつれ、すぐ近くの押小《おしのこ》路室町《うじむろまち》の二条新御所に移った。

ここには誠仁《さねひと》親王（正親町《おおぎまち》天皇の子）があったが、信忠は包囲軍の光秀に了承をもとめ、親王を落としてのち、自らは奮戦し、午前十時ごろ、ついに力尽きて切腹して果てた。

もっとも、この『信長公記』を中心に伝えられてきた通史には、疑問点が少なくなかった。たとえば、光秀方の将兵はなぜ、ただの一人も信長のもとへ謀叛を知らせに走らなかったのであろうか。討つべき相手が主君信長であったと聞いて、彼らはなぜ、拒絶しなかったのだろうか。〝主殺し〟はこの時代、大罪《たいざい》であった。

討つ相手は誰だった？

ここに、興味深い覚書《おぼえがき》が現存している。本城惣右衛門《ほんじょうそうえもん》という武士の回顧録（『寛永《かんえい》十七年〈一六四〇〉本城惣右衛門自筆覚書』）であり、この人物は本能寺へ攻め込んだものの、討つべき相手が信長とは知らなかった、と後年に述懐していた。

「のぶながさまに、はらさせ申事《もうすこと》はゆめともしり不申候《もうさずそうろう》」

では、誰を襲ったつもりでいたのか。

「いえやす（徳川家康）さまとばかり存候」

と惣右衛門はいう。

しかも南門から本能寺に突入した彼は、「かやばかりつり候て、人なく候つる」という静寂の寺院内を、かけまわった。途中、ようやく一人の白装束姿の女房を捕らえたところ、

「上様は白い着物を召している」

と告げられたが、この上様が信長だとは、この時点でもなお、惣右衛門は気がつかなかったという。

「うへさま、しろききる物めし候《そうら》ハん由申候《よしもうしそうら》へ共《ども》、のぶながさまとハ不存候《ぞんぜずそうろう》」

もしそれが真実であるならば、本能寺における華々しい攻防戦はなく、信長はあっさりと、自らを灰燼《かいじん》に帰したことになる。

いずれにせよ、叛臣光秀は信長の首級《しるし》を手にすることができず、

「信長公は生きている」

との流言に悩まされ、備中《びっちゅう》高松城を攻めて苦戦している、と一方的に思い込んでいた羽《は》柴《しば》（のち豊臣《とよとみ》）秀吉《ひでよし》に、素早い〝中国大返し〟をやられて、自らの天下取りの出鼻をくじかれてしまう。

山崎の合戦では秀吉軍三万六千余に、自軍一万六千で戦った光秀は敗れ、六月十三日、

織田信長（1534～1582年）

潰走《かいそう》の途中、藪《やぶ》の中に潜んでいた土民に、竹槍でつかれてあえない最期《さいご》を遂げる。享年は一説に五十七（『細川家記』より）というが、史実の光秀は信長より六歳以上、十八歳年長説もあった。

筆者には、光秀を死にいたらせたすべて——首級が発見できなかったことにはじまる——が、信長の采配《さいはい》であったように、思われてならないのだが、読者諸氏はいかがであろうか。

もし、信長の首級が発見され、光秀によって三条河原にでも晒《さら》される事態となれば、秀吉軍はハッタリをかまして自軍を増やすことができず、光秀もよもや〝三日天下〟（実質十一日間）で、この世を去ることはなかったに相違ない。

最後の最後まで、己れの意志を貫いた——なるほど信長は、たいした人物であったといえる。

己れの最期を悟り、名残惜しく遺言を述べた
豊臣秀吉

慶長《けいちょう》三年（一五九八）八月十八日、日本に史上初の統一政権を築いた豊臣秀吉《とよとみひでよし》が、波乱に富んだその生涯を閉じた。享年は六十二。

この天下人・秀吉ほど、後ろ髪を引かれながらこの世を去った人物もいまい。

一代で築いた豊臣政権はいまだ盤石《ばんじゃく》とはいえず、嗣子《しし》の秀頼《ひでより》は六歳と幼い。

「もう少し、健康管理をしておくべきであった……」

晩年、秀吉は大いに嘆いたことであろう。

が、若い頃の彼は、全身がまるでバネのようで、およそ病気とは無縁でありつづけた。

そのため、健康に対する過信があったとしても、無理はなかったかもしれない。

加えて、織田信長《おだのぶなが》の遺産を相続した秀吉は、手当たり次第に側室を置き、好色にふけった。およそ己れの健康管理には気をつかわず、例外的に風呂好き、湯治《とうじ》好きを実践した程度にすぎない。

近江長浜城や姫路城では、ことに湯殿《ゆどの》は入念につくらせている。

当時の湯殿は畳敷きの休息室、板敷きの脱衣室、そして浴場に分かれ、浴室には湯気が立ちこめていた。

室内には湯釜と水釜が個別にあって、今日でいうところの浴槽はなかった。

侍女はまず、手桶で湯をくみ秀吉の背中をざっと流し、秀吉はその後に浴室の隅にしつらえた風呂小屋に入る。戸をしめると床の隙間から湯気があがり、身体の脂を溶かしてくれた。今日のサウナと、同じである。

湯気をしばらく我慢して小屋から這《は》い出ると、侍女が薄物を掛け、その上から垢をこすった。これが風呂であり、湯治は湧出する天然の湯に、浸りにいくことを指した。

諸記録によると、秀吉の湯治——それも有馬の湯（現・兵庫県神戸市北区有馬町）への湯治は、主君信長亡きあと、九度におよんだようである。

秀吉のように、医学についてなんら知るところのなかった者にとって、湯治こそが最大の疲労回復、心身を健康に保つ特効薬でもあったのだろう。

あわせて、秀吉は灸《きゅう》を専らとしていた。

文禄《ぶんろく》三年（一五九四）四月二十二日付で、側室の京極殿《きょうごくどの》（松の丸殿＝京極高次《たかつぐ》の妹・龍《たつ》子《こ》）に与えた書状が残されている。

その追而《おって》書きを現代の語に直すと、およそ次のようになる。

「返すがえすも目は大事なところであるから、そのために湯治させる次第だ。やいとなどをすればよくなるのではなかろうか。〈中略〉湯から上がったとき、やいとをすればよく効くようだ」

また、別の書状では、

「――まず湯治をさせた次第だ。灸をすえ、肩や腰などにつぼを定めて、十分に効き目があるまで治療を繰り返すように――」

いずれも、秀吉が湯治の効能を説いたものだが、湯治で血行をよくし、さらに灸を実施することで病《やまい》は治癒する、と秀吉が考えていたことが知れる。

幼き嗣子を五大老に託す

日本には古来、中国伝来の鍼灸術《しんきゅうじゅつ》があり、秀吉も側近の医師たちからその効用を聞き、自ら実践していたのであろう。

秀吉には天下人となった頃から、〝番医〟と称される当直医師団が形成されていたが、秀吉は老体を意識するようになって、はじめて彼らの重要性に気がついたようだ。

ときの五大老の一《いっ》・徳川家康の家臣・戸田氏鉄《うじかね》（通称・左門）の記録『戸田左門覚書《おぼえがき》』によれば、死の約二ヵ月前の六月十六日、秀吉は病身を顧みず、伏見城において諸大名を引見したとある。

秀吉は彼らに、盛菓子《もりがし》を与えながら、長嘆息し、

「せめてこの秀頼が十五歳になるのを待ち、これに精兵をさずげ、今日のように諸大名が秀頼に仕えるありさまを、この目で見ることができたなら、平素の願望もかなえられることであろうに、いまや病勢がつのり、命数まさに尽きんとし、いかんともなすすべさえない」

潸然《さんぜん》と落涙。その場に居合わせた人々も、涙を堪《こら》えて退出後、堪兼《たまりか》ね（我慢しきれず）、突っ伏して泣いてしまった。

それを周囲の人々が見て、大騒動となる。

「太閤殿下、ご他界――」

虚報が、伏見から全国に伝播してしまう。

慶長三年五月、もはや自力で病を克服する手だても、気力も失せた秀吉は、二日、少しの間、昏睡《こんすい》状態に陥ったのち、意識を回復して己れの死期を悟ったのであろう、十五日に徳川家康や前田利家《としいえ》らに宛てた十一ヵ条の遺言を口述筆記させた。

八月五日、小康を得た秀吉は、五大老に宛てて自筆遺言状を認《したた》めた。

「返々《かえすがえす》、秀より（秀頼）事たのみ申候《もうし》。五人のしゅ（衆）たのみ申し候。いさい（委細）五人の物（者＝五奉行）に申しわたし候。なごりおしく候」

宛先は家康を筆頭に、前田利家、毛利《もうり》輝元《てるもと》、上杉景勝《かげかつ》、宇喜多秀家《うきたひでいえ》となっていた。

露《つゆ》とをち　露と消へにしわが身かな
浪速《なにわ》のことは夢のまた夢　（豊臣秀吉の辞世）

豊臣秀吉（1537 ～ 1598 年）

わが身を露と観《かん》じて（心に思い合わせながら）、浪速（大坂）の栄華も夢の中の夢でしかなかった、そう秀吉は達観しながら、従容《しょうよう》として死についたのであろうか、それとも逆に、大きな溜息《ためいき》をつく思いであったものか。

今際《いまわ》（最期、臨終）には、地位も名誉も財産も、さほどの意味、価値を持たないのかもしれない。

徳川家康

生涯、臆病で依怙地な生き方を貫いた

徳川家康《とくがわいえやす》が死を迎えようとした時、嗣子《しし》で二代将軍となっていた三男・秀忠《ひでただ》を、枕もとに呼んで問いかけたという。

「わしの最期は今日と決した。そこで聞きたいのだが、将軍家（秀忠）は今の天下の状況を、何と心得ておるか」

少し考えて秀忠は、

「天下はいまだ、乱れ候《そうろう》と見ております る」

と答えた。すると家康は、心から満足したように、にっこり笑って、

「ざっと済《す》みたり」

と、一人ごとを呟《つぶや》いたという（『武野燭談《ぶやしょくだん》』）。

生涯を、〝天下布武《てんかふぶ》〟に懸《か》けた織田信長《おだのぶなが》は、四十九歳で本能寺に横死《おうし》。家康の好敵手《ライバル》・豊臣秀吉《とよとみひでよし》も、六十二歳で生涯を閉じていた。

家康は元和《げんな》二年（一六一六）四月十七日午前十時に没するまで、七十五歳を生きている。彼の開いた江戸幕府は十五人の将軍を出した。が、二代将軍秀忠から、十四代将軍家茂《いえもち》までの、歴代将軍の平均寿命は四十七・六歳。いかに家康が、長命であったか知れよう。

ちなみに、最後の将軍となった十五代の慶喜《よしのぶ》は、歴代最高の七十七歳まで生きたが、戦国時代と明治・大正期とでは同列には語れまい。

家康は信長と違って、格別、若い頃から天下に望みをもってはいなかった。それどころではなかった。生き残るために家康は、必死に〝律義者《りちぎもの》〟としての己れを演じ続けた。

同盟者の信長が、わずかな歳月で日本の中央を制覇し得た裏には、背中＝東を家康に任せきったという側面があり、戦国大名としての今川家が義元《よしもと》亡き後、九年で消滅したことで、家康は自領を武田信玄《たけだしんげん》（後世の実力で約百三十万石）と接することになる。

懸命に抗《あらが》おうとするその姿に、信玄が、

「――家康とは、どのような男か」

と武田軍の陣馬奉行・原加賀守昌俊《はらかがのかみまさとし》に問うと、彼は次のように答えた。

「さよう、臆病ではございますが、なかなか依怙地《いこじ》な男にて……」

ここで原のいう依怙地は、私欲をはることではない。

執念深くはあるが、無理はせず、さりとて欲するものは、長い歳月を費やしてでも必ず奪い取る、との家康に対する解釈が成り立つ。

その好例が、彼による領土拡張であったろう。

武田家が消滅してのちに、信長から駿河《するが》（現・静岡県中部）をもらい、三河《みかわ》（現・愛知県東部）・遠江《とおとうみ》（現・静岡県西部）の自領に加えた家康は、信長の死後、織田家の内訌《ないこう》に紛れて、甲斐《かい》（現・山梨県）・信濃《しなの》（現・長野県）の両国を押領。

ついに、信玄の旧領併合の宿願を果たしている。

こうした家康には、少なくとも豊臣秀吉の存命中に、その天下を狙う性根はなかったろう。

信長の次男・織田信雄《のぶかつ》と組み、小牧《こまき》・長久手《ながくて》の戦いを秀吉に挑んだのは、自己勢力保存のため、自己防衛の結果といえる。

この人物は臆病で依怙地ではあったが、決して分不相応な、野望を抱くような型《タイプ》ではなかった。むしろ、一度掌中にしたものを手離すまい、と必死の努力を払う人であったといえる。

最期の閉じ方も自分流

豊臣家を大坂夏の陣で滅亡に追い込んだ家康は、翌元和二年（一六一六）正月二十一日、所定の行事を終えると、鷹狩りにいつもの道筋《コース》（駿府《すんぷ》〈現・静岡市〉から西南へ十五キロ）に出た。
そのおり、京都の呉服商・茶屋《ちゃや》四郎次郎《しろうじろう》（三代目）が同行し、家康に近ごろ京都で流行している料理、〝天ぷら〟（ただし、衣《ころも》なし）について語り、料理した。

家康は晩年になっても好奇心旺盛で、上機嫌でもあり、いつになく過食したようだ。そしてその夜、腹痛を起こした。

なまなかな医師以上に、本草（医薬）に精通していた家康は、自らを食傷と診断したが、これは誤診であった。食当たりにしては、吐瀉《としゃ》（嘔吐《おうと》と下痢《げり》）がない。

家康はいささか痛みが和らぐと、急いで駿府城へ戻った。

臆病で依怙地なこの男は、あるいはこれが死病かと大いに怖《おそ》れ、後継者の秀忠（ときに三十八歳）を招いて、大名の領地や縁組、諸大名の性格や能力、さらには世間一般のことにまで、細々と指図を行っている。

さらには、名言まで吐いた（『武野燭談』）。

「天下は天下之《の》人の天下にして、我《われ》一人の天下とは思ふべからず。国も又、一国之人の国にして、一人の国にはあらず」（この天下＝日本は、天下《ここ》に住んでいる人々のものであり、自分＝将軍一人の天下と思ってはならない。国＝大名の領土もまた、同じだ。家もまた、その一家の人々の家であって、一人＝家長のものではない。何事も、自分一人では成り立たないものだ）。

徳川家康（1542 ～ 1616 年）

加えて、大名たちと面会して、最後のにらみも利かせている。

家康の病状は、今日でいう胃がんであった可能性が高い。

三月二十九日、白湯で服用した薬を吐いた彼は、いかにもこの吝《しわ》い（けちな）人らしく、その後、臨終までの十数日間、一切の薬を用いようとはしなかった。

「無駄なことである」

と、本人がいうのだ。

『岩淵夜話別集《いわぶちやわべつしゅう》』には、家康らしい肉声が書きとめられていた。

「万事に用心のなきと言ふはなし」

家康にとって悔やまれるのは、現代の人間ドックが、彼の生きた時代になかったことであろうか。

戦国屈指の名将が構想した天下とは
今川義元

〝海道一の弓取り〟

といわれ、駿河《するが》（現・静岡県中部）、遠江《とおとうみ》（現・静岡県西部）、三河《みかわ》（現・愛知県東部）の広大な領地を持つ今川治部大輔《じぶのたいふ》義元《よしもと》――。

彼は常に織田信長の仇役《かたきやく》として登場し、戦国初の上洛戦を敢行しながら、途次、桶狭間《おけはざま》で敗死する、損な役回りを振られてきた。

しかし義元の出自《しゅつじ》といえば、室町将軍家に継ぐ名族であり、凡庸《ぼんよう》な貴人の印象《イメージ》がなされてきたが、史実の彼は尋常ならざる、戦国屈指の名将といってよかった。

にもかかわらず義元の影が薄いのは、彼の傍《かたわ》らに、名軍師・太原崇孚《たいげんそうふ》（別に雪斎《せっさい》）がいたためともいえる。

大永《だいえい》（たいえい、とも）二年（一五二二）、崇孚はときの今川家当主・氏親《うじちか》に呼び寄せられ、五男・方菊丸《ほうぎくまる》（芳菊丸）＝梅岳承芳《せんがくしょうほう》の養育係を命じられる。崇孚、二十七歳。承芳こと義元は、四歳であった。

承芳の上には今川家十代を継ぐ、六歳年上の兄・氏輝《うじてる》がいたが、彼は天文《てんぶん》（てんもん、とも）五年（一五三六）三月、二十四歳の若さで逝去してしまう。

氏輝に子がなかったため、弟の承芳と異母兄（三男）で、志太《しだ》郡花倉《はなぐら》（現・静岡県藤枝市花倉）の遍照光院《へんじょうこういん》の住持・玄広恵探《げんこうえたん》（良真《りょうしん》）が家督を争うことに。

崇孚は承芳の軍師をつとめ、外戚の北条と武田の二氏を味方につけ、自ら出陣して恵探の軍勢の出鼻を挫《くじ》き、瀬戸谷《せとのや》（現・藤枝市瀬戸ノ谷）の普門寺《ふもんじ》において、〝花倉の乱〟を制した。ときに、承芳こと義元は十八歳。

義元と崇孚の主従は、すかさず武田信虎《のぶとら》の嫡子・晴信《はるのぶ》（信玄）の継室に、公家の転法輪《てんぽうりん》三条公頼《きんより》の娘を斡旋。義元の家督相続の翌年＝天文六年には、信虎の娘（信玄の姉）を義元の正室に迎えることに成功する。

一方の北条氏はもともと、義元の父・氏親と北条氏綱《うじつな》（北条早雲《そううん》＝伊勢宗瑞《そうずい》の嫡子）が従兄弟の関係にあり、義元の姉（または妹）が氏綱の子・氏康《うじやす》の正室となっているため、ときに敵対することがあっても、そもそもの同盟関係といってよかった。

このようにみてくると、やはり〝黒衣の宰相〟が偉かったのだ、と読者は思い込まれるかもしれない。

だが、崇孚も手にあまる問題が出来《しゅったい》した。

北条氏綱が隙《すき》を突いて、駿東《すんとう》（駿河）と富士の二郡へ、侵攻して来たのである。義元は北条氏を後回しにして、まずは崇孚に対武田外交を命じた。

甲相駿三国同盟のため奮闘も……

天文十年（1541）六月四日、武田信虎が信濃の佐久平《さくだいら》（現・長野県佐久盆地）に攻め込んだ帰路、義元は信虎を駿府へ招き入れ、同月十四日にこれを軟禁。信玄も呼応して、国境を閉鎖した。

これは信虎の諏訪《すわ》氏との同盟による信濃進出策を、あらためて白紙にもどし、今後の進攻は武田家が独力で信濃へ、今川家は西へという、不可侵条約の締結が目的であった。

駿甲同盟を確かなものにしたうえで義元は、攻めくる北条氏に対して、北関東の山内《やまのうち》上杉家の憲政《のりまさ》（関東管領《かんれい》）を誘い、北と西からの挟撃作戦に出る。

北条氏には、越後《えちご》（現・新潟県）の長尾景虎《かげとら》（上杉謙信）という強敵もあった。

天文十四年十月、義元は北条氏に占拠されていた二郡を奪還。さらに、この北条氏を加えた、三国同盟を模索する。

このあたり、義元の真骨頂といってよい。

天文十九年六月二日、信玄の姉で義元の夫人が三十二歳で死去すると、同二十二年十一月、義元の娘が信玄の長男・義信《よしのぶ》へ婚礼し、一方で信玄の娘を北条氏康の子・氏政《うじまさ》に、氏康の娘を義元の子・氏真《うじざね》に嫁《か》することとした。

ついに、甲相駿《こうそうすん》三国同盟（別称あり）が成立した。

この間、義元は西方に興った新勢力＝尾張の織田信秀《のぶひで》（信長の父）を相手に、三河の領有をかけて争い、信玄は再び信濃攻略へ、北条氏は関東へと、各々版図を拡大することになる。

そして、小豆坂《あずきざか》（現・愛知県岡崎市）で尾張勢と戦った義元は、織田方の人質となっていた松平竹千代（のち徳川家康）を奪回した。

永禄《えいろく》三年（一五六〇）五月十二日、義元は二万五千（公称四万五千）の上洛軍を西進させる。対する信長の兵力は、三千に届かない。

ただこのおり、今川の本陣には崇孚の姿がなかった。彼は五年前の、弘治《こうじ》元年（一五五五）閏《うるう》十月十日にこの世を去っていた。享年、六十。

自ら兵を率いて進軍した義元は、大軍に巧知な戦術はいらぬ、とばかりに定石《オーソドックス》通りな攻め方を行い、五月十九日、休憩中を信長に奇襲され、討死《うちじに》を遂げてしまう。

享年、四十二。

まだ、戦国に劇的な変化《パラダイムシフト》を与える鉄砲は、普及していなかった。

義元はその時代に、天下統一＝泰平を希求した。すなわち、武田氏・北条氏との背中合わせの三国同盟による、三方向への武力平定戦である。

室町幕府の、新たな副将軍、三管領の一《いっ》を、義元は目指したのではなかったか。彼の敗因を一言で語るとすれば、義元は信長のことをあえて、積極的に識《し》ろうとはしなかった。

義元は信玄が兄事《けいじ》したほどの、優れた名将である。教養も兵法も、あらゆる面で義元は卓越しており、信長など問題外であったろう。にもかかわらず義元は、敗死を遂げた。

天は彼を選ばず、信長を採ったのだ。

義元亡き大国今川氏は、九年後、東半分を武田家に吸収され、西半分を徳川家に併合されて、この世から消滅してしまった。

今川氏を滅ぼしたに等しい氏真は、七十七歳まで生きている。

今川義元（1519 ～ 1560 年）

上洛途上で病死した甲斐の虎の遺言とは

武田信玄

名将・武田《たけだ》信玄《しんげん》には、二種類の遺言が後世に伝えられていた。

一つは『甲陽軍鑑《こうようぐんかん》』の、「三年の間、われ死したるを隠して、国をしずめ候《そうら》へ」というもの。今一つは——。

「明日はその方が、〝武田菱〟の旗を、瀬田《せた》（京の入口）に立て候へ……」

と部将・山県昌景《やまがたまさかげ》に、信玄が告げたとするもの。

後者の説に従えば、信玄はさらに述べたという。

「もし、余が西上の途中で死んだとしても、上洛の軍を止めてはならぬ。余の死は撤退の理由にはならぬ」

今しか機会はないのだ、と苦しい息の下から、挑《いど》みかかるような信玄の気迫が伝わってきそうだ。

たしかにこのおりの上洛戦は、信玄にとって京洛に〝武田菱〟の旗を翻《ひるがえ》すか、自らの死か、乾坤一擲《けんこんいってき》の大作戦であった。

なにしろ信玄には、〝時間〟がなかったのである。

前年の元亀《げんき》三年（一五七二）十月三日、甲州軍団を率いる信玄は、本拠地の甲府（現・山梨県甲府市）を出陣した。行く手には、〝天下布武《てんかふぶ》〟をめざす新興勢力の織田信長《おだのぶなが》が、畿内を占拠しつつ待ち構えている。

この信長に擁立された室町幕府十五代将軍・足利義昭《あしかがよしあき》は、信長の傀儡《かいらい》に我慢がならず、〝信長包囲網〟を創りあげた。

越前《えちぜん》（現・福井県中北部）の朝倉義景《あさくらよしかげ》、摂津《せっつ》（現・大阪府北部と兵庫県南東部）の大坂本願寺、北近江《おうみ》（現・滋賀県北部）の浅井長政《あざいながまさ》、比叡山延暦寺《ひえいざんえんりゃくじ》の僧兵、三好《みよし》三人衆などの勢力に、織田家の将兵を分散配置させ、身動きのとれない信長の中心部へ、信玄を突っ込ませるという大作戦を企画したのである。

当然のことながら、この間、信長も拱手傍観《きょうしゅぼうかん》はしていない。自らへの包囲網を、信玄の上洛するまでに破りたい、と焦っていた。

信玄の西進上洛は、こうした制限時間《タイムリミット》の中で行われたものであった。

もし、彼がなおも上洛の時期を遅らせるようなことがあれば、反織田勢力は信長の武力の前に、各個撃破される運命にあったろう。

一方で信玄は出陣前、自身の余命が長くないことを悟っていた形跡があった。

当初の出陣を予定していた十月一日の朝、彼は全身に虚脱感を覚え、立ち上がることができなかったという。『御宿監物長状《みしゅくけんもつちょうじょう》』によれば、「肺肝の患《わずら》い」とある。肺結核か、肺ガンではなかったろうか、と思われる。

死を覚悟してもなお……

信玄は一度、出陣を延期した間に、己れの柩《ひつぎ》にするためであろうか、輦台《れんだい》をひそかに準備したという。いずれにしても、悲壮な出陣であった。

と同時に、信玄は己れの上洛戦までに人生の大半を費やしたことを猛省したに違いない。上杉謙信《うえすぎけんしん》との五度にわたる川中島の戦い、何の利益もないこの戦《いくさ》（第四次）で名補佐役の弟・武田信繁《のぶしげ》を失い、甲相駿《こうそうすん》三国同盟を自ら破り、海を目指して今川領を南下し、嗣子義信《よしのぶ》と確執を構え、武田家を二分してしまった。

（もう少し、やり様があったのではないか……）

他方、信玄を迎え撃つ立場の信長は、この頃、前衛をもって任じる徳川家康《とくがわいえやす》から、悲鳴をあげんばかりの援軍要請を、連日、矢継ぎ早に受け取っていたが、周到に準備された将軍義昭の包囲網を突破できないでいた。

それどころか、信玄の別働隊を率いた秋山信友《のぶとも》が、美濃岩村城（現・岐阜県恵那《えな》市）を陥れたため、岐阜の危急を悟った信長は、近江を撤兵するありさま。

ついに信玄は、織田・徳川同盟国に対して、もう一歩のところまで詰めよったことになる。二俣城《ふたまたじょう》（現・静岡県浜松市天竜区）の大改修工事を終え、防備が完全に整った元亀三年十二月十八日、甲州軍団の軍議が開かれた。

そしてこの場で決定され、遂行されたのが、〝三方ケ原《みかたがはら》〟の戦いであった。

信玄は山県昌景らの先発隊と合流し、鎧袖一触《がいしゅういっしょく》、徳川家康《とくがわいえやす》と信長が派遣した織田の援軍を叩きつぶした。

ところがここで、不慮の事態が起きる。絶体絶命の信長が、上杉謙信に泣きつき、朝倉《あさくら》義景《よしかげ》を越前へ帰国させることに成功したのである。信玄は仕方なく、この年は浜名湖畔の刑部《おさかべ》で越年した。以後、ひと月もかけて三河山地を北進する。

〝信長包囲網〟の人々は、一日千秋の思いで、京への信玄の到着を待っていた。

都より甲斐国《かいのくに》へは程遠《ほどとお》し
おいそぎあれや日は武田殿（『犬筑波集《いぬつくばしゅう》』）

だが、信玄と信長の直接対決は、ついに実現することはなかった。

信玄の病状が、にわかに悪化したのだ。武田方ではそれを悟られまいと、ひきつづき野田城（現・愛知県新城《しんしろ》市）を攻め、元亀四年（一五七三）二月十六日、これを陥落させた。

「もしや、信玄は病気ではないのか」

岐阜の信長がそう疑いはじめた頃、陣中に病《やまい》を悪化させた信玄は、危篤状態となり、三月下旬に突如、甲州軍団は撤退を開始した。

元亀四年四月十二日、信州伊那《いな》郡駒《こま》場《んば》（現・長野県下伊那郡阿智《あち》村）で、一代の名将は没する。享年、五十三。

武田信玄（1521～1573年）

人間、土壇場では躊躇《ちゅうちょ》してはいけない。五分五分の危険《リスク》なら負うべきだ、ということを、信玄は己れの逝き方をもって、後世のわれわれに語りかけてくれる。

もし、信玄の死を受けてなお、甲州軍団が上洛を敢行したならば、さて、その後の日本の歴史はどうなったであろうか。

浅井長政

律義者が下した苦渋の決断

尾張《おわり》（現・愛知県西部）一国を統一し、隣国の美濃《みの》（現・岐阜県南部）をも併合した織《お》田《だ》信長《のぶなが》は、将軍候補の足利義昭《あしかがよしあき》を擁して、一路、京都をめざした。

残る問題は、途中の近江路《おうみじ》（現・滋賀県）にあったが、江北《ごうほく》（湖北《こほく》）の戦国大名・浅井《あざい》長政《ながまさ》（当時二十三歳）は、性格が剛直で律義者。堂々とした体軀に加えて、先見性もある若者であった。

これは有り難い。信長はすでに、同盟関係にあった三河《みかわ》（現・愛知県東部）の徳川家康《とくがわいえやす》と同様に、浅井家との同盟を画策。上洛に先立ち、その切り札として永禄《えいろく》十年（一五六七）、異母妹・お市《いち》を長政へ嫁がせた（同七年説もある）。

長政は、やがて信長が天下を取る、と見通すだけの眼力をもっており、この同盟が浅井家の運を開くものと信じて疑わなかった。

ただ、浅井家は越前《えちぜん》（現・福井県中北部）の名門・朝倉《あさくら》家の庇護を受けて、独立した経

緯があり、長政は信長と同盟するにあたって、

「朝倉家と差し障りが生じた場合、先ず浅井家に連絡すること」

という条件を提示し、信長の了解を取り付けたと伝えられている。

もし史実なら、こうした長政の律義さを、信長は好んだ形跡があった。

なにしろ傍目にも羨《うらや》むほど、長政を引き立て、京都の公家や豪商にもこの義弟を売り込み、家康と並ぶ厚遇と他者には映ったほどだ。

それでいて信長は、〝公〟と〝私〟は別と、長政との約定《やくじょう》を一方的に破棄してしまう。

名門意識を鼻にかけ、成り上がりの信長を軽蔑する朝倉家の当主・義景《よしかげ》は、信長の再三にわたる上洛要請にもかかわらず、これを黙殺した。

「信長ごとき者の命令など、きけるか」

と、いったところであったろう。

信長は、この朝倉義景の態度を、室町幕府十五代将軍となった義昭への、叛逆行為と見《み》做《な》した。

——難癖といってよい。

信長は朝倉征伐を、自身が官軍となることで正当化し、家康の軍勢ともどもに連合軍をひきいて、不意を衝いて越前敦賀《つるが》平野（現・福井県敦賀市）に殺到した。

信長にすれば、これは私闘ではない。将軍の命令を受けての〝公〟の戦《いくさ》であるから、長

政に通告する筋合いのものではない、と解釈し、身勝手に報告義務を果たさなかったのだろう。

その証拠に、長政には征伐の連合軍に参加しろ、とはいっていない。消極的中立＝傍観してくれるだけでいい、と信長は考えていたようだ。

己れを貫いたが故の裏切り

だが、当の長政は一徹者である。彼は苦悩しつつ考えた。知らぬふりを決め込めば、旧恩の朝倉家は滅亡し、信長の天下制覇は着実に近づく。

その暁には、義弟の己れは、朝倉の旧領を得られるかもしれないし、栄耀栄華も夢ではない。しかし、男としての義は立たない。

逆に、信長に抗《あらが》えばどうなるか。この〝覇王〟を朝倉家と組んで、一閃《いっせん》、一撃の下《もと》に倒せればよし。もしも、とり逃がすようなことにでもなれば、浅井家に単独で織田家と渡り合えるだけの軍事力はなかった。

当惑し、苦慮した挙げ句、長政は本来の己れに備わった篤実な性格に立ち戻る。

やはり、旧恩は忘《ぼう》じ難《がた》い。

加えて、最近の信長による浅井家家臣団の扱い――まるで隷従者《れいじゅう》のように、こき使うさまへの不平・不満も募っていた。

長政はすぐさま、敦賀に展開する織田軍の退路を遮断。朝倉軍に呼応して、織田連合軍の包囲殲滅《せんめつ》の挙に出た。

この変報に接した信長は、当初、容易に信じられなかったようだ。

「まさか、あの律義者が……」

絶句したほどであった。

信長にしてみれば、愛妹を与え、官位を昇進させるなど優遇した長政が、なぜ己れに逆らうのか、理解できなかったのも無理はない。

ともあれ長政の決断は、利害得失を超越した次元＝〝義〟の選択であった。無論、失敗は許されない。

だが、信長はこの危機を掻《か》い潜《くぐ》り、九死に一生を得て京都へ生還してしまう。

「もはや、これまでか……」

信長を討ち洩らした長政は、それでも姉川《あねがわ》の合戦に挑んだものの、同盟者・義景の優柔不断さに足をとられ、ついには本拠地の小谷《おだに》城（現・滋賀県長浜市）に立籠《たてこも》ることになる。

動揺する将士たちを鎮めるため、長政は己れの手で、己れの葬儀（生前葬＝逆修供養《ぎゃくしゅくよう》）まで出している。家臣たちは長政の潔さに感激し、城を枕に討死《うちじに》の覚悟を固めた。

長政は妻と娘三人を信長の許《もと》に送り届けて、嫡子・万福丸《まんぷくまる》は城から落とし、家臣の助命を条件に降伏を一度は受け入れたが、織田軍が家臣を捕えるのをみて、自刃して果てたという。

長政の享年は二十九であった（万福丸はのち、発見され殺される）。

三姉妹のうちの、長女は淀殿《よどどの》として豊臣秀吉《とよとみひでよし》の側室となり、世継ぎの秀頼《ひでより》を出産。次女は名門京極《きょうごく》家に嫁ぎ、三女の江《ごう》は徳川幕府二代将軍秀忠《ひでただ》の正室となって、三代将軍家光を産む。江の末娘・和子《まさこ》は後水尾《ごみずのお》天皇（第百八代）の中宮となり、その長女は女帝・明正《めいしょう》天皇（第百九代）となった。

浅井長政（1545～1573年）

見方によれば、長政の血脈は天皇家と将軍家に流れて、天下を統《す》べることになった、といえなくもない。

これも、ひとつの逝き方であったといえよう。

切れすぎるリーダー〝閃きの天才〟の悲劇

上杉謙信

戦国時代、越後国《えちご》（現・新潟県）に忽然《こつぜん》と現れた天才戦術家・上杉謙信《うえすぎけんしん》は、己れの信念の拠り所を終生、三つ持っていた。

まずは、神仏に対する敬虔《けいけん》な姿勢。第二には、領土欲というものを持たなかった。さらには三つ目として、朝廷や幕府への思慕が強かった点があげられる。

ほかの戦国大名とかけ離れたこれらの信念は、七歳で仏門に入った経歴が、大きく関係していたように思われてならない。

仏門への帰依が、高邁な精神文化への王道なら、国主の地位は欲望を充足させる現実の覇道である。

おぞましい現実世界を見せつけられたとき、謙信は精神文化と現実世界を結ぶ接点として、朝廷と幕府を再見したのではあるまいか。

天文《てんぶん》二十一年（一五五二）、関東管領《かんれい》・上杉憲政《のりまさ》を援《たす》けた功績により、謙信は従五位下《じゅごいのげ》

弾正 少弼《だんじょうしょうひつ》に任ぜられた。叙位任官の答礼のため、律義にも上洛した彼は、宮中へ参内《さんだい》。後奈良《ごなら》天皇（第百五代）への拝謁《はいえつ》を賜わり、帝《みかど》から綸旨《りんじ》を受けることに成功している。

「平景虎《たいらのかげとら》（上杉謙信）、任国並びに隣国に於《おい》て、敵心をさしはさむ輩《やから》を治罰《ちばつ》するところなり。威名を子孫に伝え、勇徳を万代に施し、いよいよ勝《かち》を千里に決し、よろしく忠を一朝《いっちょう》に尽くすべし」

――これによって謙信は、戦国最高の大義名分を得たことになる。

彼は綸旨を名分に、関東の覇王たる小田原北条《ほうじょう》氏、信濃《しなの》（現・長野県）を侵食する甲斐《かい》（現・山梨県）の武田氏との戦いを開始した。

これに駿河《するが》（現・静岡県中部）の今川氏を加えた、〝甲相駿《こうそうすん》三国同盟〟に対して、謙信は一人、これらを敵に対等に戦っている。

「関東管領」の職名を得た謙信は、北条征伐＝小田原城進攻作戦を決断。

永禄《えいろく》三年（一五六〇）八月、国許《くにもと》を出陣した越後軍一万余は、またたく間に上州《じょうしゅう》沼田《ぬまた》城（現・群馬県沼田市）を抜き、厩橋《まやばし》城（現・同県前橋市）を取り、厩橋で越年。関八州の豪族に檄《げき》（廻文）を飛ばすと、翌年三月、破竹の勢いで小田原をめざした。

北条氏康《うじやす》は、謙信の凄さを知っている。越後軍の先鋒が武蔵国境をこえると、従来の防衛線《ライン》である隅田川、多摩川を放棄し、松山城、古河城も捨て、傀儡《かいらい》政権の公方《くぼう》・足利義氏《よしうじ》を奉じて本拠地小田原城に立籠《たてこも》った。

〝毘沙門天の化身〟

ところが、意気あがる越後軍のもとに、信玄が三国同盟の約定《やくじょう》により、信濃国の佐久にむかって碓氷峠《うすい》を越えようとしている、との知らせが届いた。

奥信濃に進めば、越後の本国が危ない。碓氷峠を越えられれば、進軍中の越後軍の背後をつかれる恐れがある。

事ここに至って、越後軍の中には動揺が起きた。

なのに一人、謙信は、平然と明晰怜悧《めいせきれいり》な頭脳をもって、信玄の手のうちを読んでいたのである。信玄《やっ》はどちらのコースもとらない、と謙信は確信していた。

「信玄は、わが軍と北条軍とを共倒れさせたいと望んでいるはず」

そんな男は、他国の戦いに巻き添えを喰わず、動くポーズをとるだけ。漁夫の利をねらうに決まっている。

だからこそ今すぐに長駆し、防衛の固まっていない小田原城を一気に落とし、北条氏を攻め滅ぼす。その返す剣で、信玄を討ちとればいい。

謙信は軍議の席でそう主張したが、集結した諸将は、もし万一、と思うと、とてもこれ以上の進撃はできない相談であった。

いつもなら、謙信が出した結論に、各部将が黙って従うことになっていた。が、今度は味方も純粋に越後軍だけではない。

結局、小田原総攻撃は中止となったが、後日、この日の軍議を知った信玄は、

「さすがは謙信、一気に小田原城を攻められたら、防御の十分でなかった城は陥落し、氏康も滅ぼされていたであろう。そうなれば、甲斐国も危なかった」

と心底、ため息をついたという。

北条氏を滅亡させたら、おそらく謙信は大義名分で集めた関東一円の兵力を使って、義元《よしもと》なきあとの今川氏を攻め滅ぼし、本国越後に相模、駿河の二国を加え、南北三方向から甲信両国を挟撃壊滅させたに違いない。

そうなれば謙信は、織田信長《おだのぶなが》をも屠《ほふ》って、天下を取り、室町幕府を再建して、まったく異なった日本の近世を出現させた可能性は高い。

謙信こそは、まさに〝毘沙門天《びしゃもんてん》の化身〟であった。

その後、好敵手の北条氏康や武田信玄《たけだしんげん》の死を見送った謙信は、かつては同盟者であった信長と、雌雄《しゆう》（優劣）を決する立場にたたされる。

天正《てんしょう》五年（一五七七）九月、最初にして最後の越後勢対織田軍の戦いは、あっけない織田軍の大敗で幕が下りた（もっとも、この一戦に信長はいなかったが）。

上杉謙信（1530 ～ 1578 年）

上杉に逢《お》うては織田も
名取川（手取川）
はねる謙信
逃《に》ぐるとぶ長（信長）

天正六年三月十五日、謙信は関東進攻の出陣を予定していた。彼の行く手をはばむ者は、もはやいない。

だが、その出陣の二日前、三月十三日未刻《ひつじのこく》（午後二時頃）、謙信は脳出血で逝去してしまう。四十九歳。大酒癖が、その死期を早めた、とも。

四十九年一睡夢《いっすいのゆめ》
一期栄華《いちごのえいが》一盃酒《いっぱいのさけ》

かねて用意されていた辞世の句を残して、彼はこの世を去った。

気働きができなかった織田家方面軍司令官
佐久間信盛

戦国の覇王・織田信長《おだのぶなが》には、譜代《ふだい》の家老が三人いた。

一人は〝鬼柴田《おにしばた》〟と異名をとった柴田勝家《かついえ》であり、二人目が丹羽五郎左衛門長秀《にわごろうざえもんながひで》、そして三人目が佐久間信盛《さくまのぶもり》である。

この三人に木下藤吉郎《きのしたとうきちろう》（のち羽柴《はしば》秀吉）を加えた小唄が、織田家を中心に近隣諸国で流行したという。

木綿《もめん》藤吉　米五郎左《こめごろうざ》
かかれ柴田に　退《の》き佐久間

その心は、「木綿」は絹のように優美ではないが、何に用いても重宝するもの。藤吉郎は織田家でそういった存在である、との意味となった。

同様に「米五郎左」は、織田家の中心＝主食だという評価であり、上下の潤滑油といいかえても差し支《つか》えのない存在――。

勝家は勇猛果敢で、織田家の先陣を任せるべき武将であり、最後の信盛は退《の》き口《ぐち》をまかせると、冷静沈着で上手だ、との評価と受け取れた。

この四人に滝川一益《かずます》と明智《あけち》光秀《みつひで》を加えて、最盛期の信長は六方面軍体制を敷いていた。

ところが、天正《てんしょう》八年（一五八〇）八月十二日、あろうことか、多年、信長を苦しめてきた大坂本願寺との和睦（事実上は本願寺の降伏）がなった直後に、この方面＝近畿方面軍司令官に任ぜられていた信盛が、突然、信長から譴責《けんせき》されることとなった。

しかもこのおりの譴責状は、信長の「御自筆」であり、太田牛一《おおたぎゅういち》の『信長公記《しんちょうこうき》』には三通しか採録されていない、信長文書の一通であった。

どれほど信長の、信盛に対する怒りが激しかったか……。

大永《だいえい》七年（一五二七）に尾張で出生したとされる佐久間信盛は、信長より七歳の年上。父の名を信晴といい、自らの幼名を牛助といった。

出羽介《でわのすけ》、右衛門尉を称した信盛の家格・地位は、柴田勝家や丹羽長秀と並ぶものであり、永禄《えいろく》十一年（一五六八）の信長上洛に従い、京都に入った信盛は、その治安維持にあたっている。

武田信玄《しんげん》の上洛＝三河《みかわ》進攻の際には、織田家の同盟者・徳川家康《とくがわいえやす》の援軍に赴き、三方《みかた》ケ原《はら》の戦いに参戦。信玄に並ぶ信長最大の敵・本願寺攻略においても、真正面の指揮権を主君から与えられていた。信長期待の将といってよい。

その後、信盛は浅井《あざい》・朝倉連合軍との戦い、比叡山焼き討ちにも参軍し、天正二年三月、信長が勅許を得て、東大寺秘蔵の蘭奢待《らんじゃたい》（奈良時代に中国より伝来し、正倉院の宝物となっていた名香木）を切り取ったおりには、その名誉ある奉行を仰せつかっている。

状況把握力、鑑識眼の欠如か

四面敵に囲まれていた織田家にあって、信盛はなくてはならない人材であった。

信長にとって最大の難敵ともいうべき、大坂本願寺の攻囲を、信盛が任されたことが、なによりもその存在価値を物語っていた。なのに……。

今日の企業にたとえれば、粉骨砕身して会社のために働き、会社が大きくなるにしたがって累進。ついには、取締役営業本部長にまで登用されながら、ある日突然、役員会で解任されたようなものだ。もっとも、信盛は、

「なぜだ！」

とは、叫んでいない。

信長が追放にあたり、信盛とその子・信栄《のぶひで》（正勝《まさかつ》とも・のち不干斎定栄《ふかんさいじょうえい》）に、十九ヵ条

からなる「譴責状」をしたためていたからだ。以下、一条を拾ってみる。

一、部下を評価して知行を増加したり、新規採用をしたりせず、けちくさく金銀を蓄えることばかり考えているから、天下の面目を失ったのだ。

今風に意訳すると、このようになる。

――最後に信長は、「頭をそって高野山に行け」とまで激怒していた。

これは筆者の推測だが、おそらく信盛は、十九ヵ条を信長に列記されるまで、己れへの譴責状など、想像したこともなかったのではあるまいか。

むしろ、これまでの功績を賞されると思っていたのではないか。

ただ、信長の言い分にも、まんざらではない、それなりの根拠があったことも事実であった。

当時、織田家は〝四面楚歌〟のなかにあった。常時、四倍近い敵と戦っていた。

いくら持久戦が得意だからといって、頭も使わず、調略も用いず、ましてや上司（信盛の場合は信長）に相談にも行かないで、それでいて私利私欲と受けとられかねない節約を、他人の耳に入るほどにやっていたとすれば、信長でなくとも経営者《トップ》の多くは、その幹部を許してはおくまい。

なにより信盛の失敗は、己れも織田家の経営の一翼を担っている、との自覚が薄かったことにある。このような型《タイプ》の人は、中間管理職でとどまっていたほうが、本人のためにも、会社のためにも、無難であったかもしれない。

信長に問責された佐久間父子は、天正八年（一五八〇）八月、高野山に追放された。このとき信盛は剃髪して、宗盛《そうじょう》と号している。翌九年七月二十二日、大和国十津川《とつかわ》の温泉で病気療養中、彼は病没してしまう。享年は五十五。

佐久間信盛（1527? ～ 1581 年）

息子の信栄はのちに許されて、信長の次男信雄《のぶかつ》に仕え、その没落後は秀吉の御咄衆《おはなししゅう》となった。寛永《かんえい》八年（一六三一）まで生きている。享年は七十六であった。

われわれは、この父子の最期（とくに父の信盛）から、味方苦戦の中、自らはどのような言動をとるのが相応しいのか、そのことを何よりも学ぶべきかもしれない。

最期は自分で自分を追い詰めた!?

明智光秀

「老後の思い出に殺《や》ったのだ」という意味の述懐を、明智光秀《あけちみつひで》が述べた、と江戸時代初期の『川角《かわすみ》太閤記』は記している。

この〝本能寺の変〟で主君・織田信長《おだのぶなが》を葬った〝逆臣〟光秀は、織田家の重臣の中で、最も遅れて登場し、最も早く「城持ち」に出世した人物であった。

しかも、京都を扼《やく》する近江《おうみ》国坂本城（現・滋賀県大津市）と、丹波《たんば》国亀山城（現・京都府亀岡市）の双方を、自領としている。

逆方向から眺《なが》めると、もし、光秀がいなければ、おそらく信長は〝天下布武《てんかふぶ》〟に王手をかけることはできなかったに違いない。

ところがこの光秀、その前半生は謎に包まれたままである。彼が美濃《みの》の名門である土岐《とき》氏の支族・明智氏の出である、との伝承はかなり怪しい。

光秀が歴史の表舞台の端に登場するのは、信長の留守中を狙い、三好《みよし》三人衆が京の六条・本圀寺《ほんこくじ》にあった十五代将軍・足利義昭《あしかがよしあき》を攻めた、永禄《えいろく》十二年（一五六九）正月のことであった。

将軍警固の、その他大勢の一人に光秀がいた。

筆者は彼が世に出た端緒のすべては、今日でいう通訳と礼法だったと考えてきた。

当時は今日のような、標準語はない。

尾張弁の信長と、武家貴族の義昭は言葉が通じなかった。余談ながら、戦国時代の日本には、男性言葉と女性言葉が峻別《しゅんべつ》されていた。「うまい」が「おいしい」、「銭」は「お足《あし》」、「尻」は「お居処《いど》」――女性言葉は総じて、「お」がついたようだ。

光秀は室町幕府の礼儀作法にも心得をもち、これらの専門知識を信長に認められ、そのうえで行政官として、本格的な歴史の表舞台へ登場する。

それ以前、光秀は越前《えちぜん》（現・福井県中北部）長崎称念寺《しょうねんじ》門前に十年くらい暮らしていたことがあり、国主・朝倉義景《あさくらよしかげ》に接したようではあるが、義景を頼ってきた将軍候補の義昭《よしあき》（当時は義秋）が、改めて信長を頼ることとなり、その交渉の過程で、光秀自らも信長に仕えることとなった（信長の正室と光秀が従兄妹であるというのは後世の付会《ふかい》）。

人材発掘・登用に余念のない信長は、予想以上の成績をあげた光秀を、ならば、と戦《いくさ》の将に登用した。これにも抜群の成果をあげ、光秀はついに方面軍司令官（最高幹部）となった。

重なる不運がもたらした結果

一方で、同時代の諸記録から信長より六歳以上、十八歳年上ともいわれる光秀の意識は、出世とともに己れを武家貴族に擬すようになったとしても、おかしくはなかったろう。外交と行政、合戦の指揮に秀《ひい》で、鉄砲にも詳しく、そのうえ医学知識まで持っていた彼の立場から、主君信長の言動を改めてみたとき、光秀にはこの主君がどのように映ったであろうか。

自由奔放な信長の気性とも合わず、生真面目な光秀は、主君に対する批判を内心、鬱積《うっせき》させていったように思われてならない。

そこへ天正《てんしょう》四年（一五七六）十一月七日（異説あり）、彼は最愛の妻・凞子《ひろこ》を病で失う体験をしている。

この〝糟糠《そうこう》の妻〟に先立たれたことが、筆者は光秀にとって、大きな痛手となったと考えている。

加えて、妻の死の前後に、光秀も病床に伏していた。彼は心身ともに疲れ切っていたのである。

その疲労した頭で、自らの行く末を考えたとき……。

その結果が天正十年六月二日の、「敵は本能寺にあり」（出典『日本外史』）であった。

光秀は心身の疲れが広がる中、語学や礼法の世界にはない情報《データ》――〝時勢〟〝人気〟〝時代の要望〟といったものを、理解する努力を怠ってしまった。

信長―信忠《のぶただ》父子を急襲して滅ぼし、同月五日には同僚であった羽柴《はしば》（のち豊臣《とよとみ》）秀吉《ひでよし》の属城・長浜城と、丹羽《にわ》長秀《ながひで》の居城・佐和山《さわやま》城を落とした。

六月六日には越後《えちご》（現・新潟県）の春日山城主・上杉景勝《うえすぎかげかつ》に使者を送り、同盟の呼びかけも行っている。

だが、最も肝心な盟友・細川藤孝《ふじたか》―忠興《ただおき》父子の説得を後回しにしてしまった。

家臣の沼田光友《みつとも》を派遣し、細川父子の勧誘にあたらせたが、ついに説得は失敗。

光秀は細川父子への書状で、謀叛の経緯《けいい》とともに、

「人数を召し連れて、早々に上洛《じょうらく》してほしい。幸い、摂津《せっつ》国（現・大阪府北部と兵庫県南東部）が闕国《けっこく》（領主不在の国）となっているので、新しい知行地《ちぎょうち》として貴殿に差し上げたい」

といった内容を述べていた。

忠興の妻は、光秀の次女（三女とも）・玉《たま》（のちガラシャ夫人）である。

光秀は細川家の荷担については、全く疑念を抱いていなかったようだ。

だが、同様に味方につくと信じていた配下大名の、大和《やまと》（現・奈良県）を領有する筒井《つつい》

明智光秀（不詳～1582年）

順慶《じゅんけい》ともどもに見放され、光秀の天下は〝三日天下〟（実際は十一日間）で終わってしまった。

〝中国大返し〟をおこない、畿内へ駆け戻ってきた秀吉の軍勢と、山崎で合戦して一敗地にまみれた光秀は、最後は落武者狩りの、農民の竹槍《たけやり》によって、その生涯を閉じてしまう。

光秀は疲労蓄積の途中で、自らの余生、隠居《リタイア》しての第二の人生を、念頭に置くべきであった。

たとえ老後の思い出に、信長に取って代わろうとしても、それは実際問題としては、叶わぬ現実であったのだから。

柴田勝家

最期の最期まで潔い〝好漢〟だった

日本人に、〝太閤《たいこう》さん〟＝豊臣秀吉《とよとみひでよし》好きは少なくない。

そのためであろう、秀吉と戦った柴田勝家《しばたかついえ》は、いつも仇役《かたきやく》をふられ、分《ぶ》が悪かった。が、筆者《わたし》は織田信長《おだのぶなが》が最も頼りにしていたこの大番頭《おおばんとう》が、決して嫌いではない。

もとは信長の弟・信行《のぶゆき》（正しくは信勝《のぶかつ》）の家臣であり、信長を殺すべく計ったが失敗。勝家はこのとき、信長の凄さが理解できた。

そのため降参したところ、あの人物評価の厳しい信長が、勝家を許して、自らの近臣に取り立てている。

これはよほど、勝家の武勇・能力・性格に、見るべきものがあったのだろう。

〝鬼柴田《おにしばた》〟と形容されるように、勝家は前線の指揮官としての印象《イメージ》が強い。

次のような挿話がある。おそらく、史実に近いものであったろう。

信長に先陣の大将を命じられた勝家は、なかなかこれを承服しない。固辞したが許されず、しぶしぶ引き受けて退去したところ、信長の近習《きんじゅ》に出会い頭《がしら》（行き会った瞬間）、ぶつかった。

ところが、相手の武士は詫びもせず、行きすぎようとするではないか。

勝家はこれを、一刀のもとに斬り捨てた。

当然のごとく信長は怒り、勝家を詰問する。このとき勝家は、

「先陣の大将たる者、威権なき時は（部下に）下知《げち》行わざるものなり」

と言ったという（太田牛一《ぎゅういち》著『信長公記《しんちょうこうき》』）。

織田家では信長のみが畏敬《いけい》されており、それ以外の重臣は軽んじられる傾向にあった。これでは先陣の大将を引き受けても、将卒が命令を聞かない、と勝家はいったわけだ。

信長は、勝家の言い分を了承した。

元亀《げんき》元年（一五七〇）六月、近江《おうみ》の武佐《むさ》長光寺《ちょうこうじ》城（現・滋賀県近江八幡市）にあった勝家は、六角承禎《ろっかくじょうてい》（諱《いみな》は義賢《よしかた》）に城を包囲され、水の手を切られて、絶体絶命の危機を迎える。

このとき勝家は、居間の縁に水の入っている甕《かめ》三つを並べて、籠城中の将兵たちを集め、彼らに告げた。

「城の水は、これかぎりない。このままでは、われらは渇死《かっし》するだろう。同じ死ぬなら武士らしく、城外へ打って出たいと思う」

勝家らしい。将兵たちは同意した。

そして勝家は、各々に一杯ずつ柄杓《ひしゃく》で水を飲ませ、水が残っている甕も含め、三つを潔《いさぎよ》く打ち砕くと、決死の城外戦を敢行する。

勝家には将士を奮い立たせる、最前線の武将としての、魅力があふれていたように思われる。必死の柴田勢は六角軍を破り、この窮地を脱して、逆に勝鬨《かちどき》をあげた。

〝かめ割柴田〟の異名が生まれたのは、この時のことである。

武勇、胆力、智略にめぐまれた勝家は、その後も織田家の筆頭家老《ひっとうがろう》として、信長の〝天《てん》下布武《かふぶ》〟を実現すべく、各地を転戦。とくに、織田家の北陸方面軍を率いて大活躍している。

運命の変わり目、信長の死

天正《てんしょう》元年（一五七三）八月、織田家の朝倉義景《あさくらよしかげ》征伐に際しては、戦後に越前《えちぜん》守護を賜り、北ノ庄《きたのしょう》城（現・福井県福井市）に居城を持つ分限となった。

このまま信長が天下を統一していれば、勝家はその大番頭として幸福な晩年をおくれたにちがいない。

ところが、本能寺の変が勃発した。天正十年六月二日のことである。信長は波瀾《はらん》に満ちた、四十九年の生涯を終えた。

嗣子《しし》の信忠《のぶただ》も、二条御所《にじょうごしょ》（二条新御所）で逆臣・明智光秀《あけちみつひで》軍と戦い、自刃してしまう。享年、二十六。

悲報を翌日に知った、織田家中国方面軍司令官の羽柴《はしば》（のち豊臣《とよとみ》）秀吉《ひでよし》は、対峙する毛利氏と講和を結び、素早く山陽道を駆けのぼり、光秀を討った。

勝家ら北陸方面軍は、六月三日、上杉方の魚津《うおづ》城を落とした。つづいて、松倉城を攻囲。そこへ、本能寺の変が伝えられる。

『昔日北華録《せきじつほっかろく》』（堀麦水《ほりばくすい》著）に拠れば、このおり北陸方面軍では、主君信長の横死により、中国の毛利氏と越後の上杉氏が、これを好機とばかりに、討ちかかってくるに違いない、との論が起きた。

毛利輝元《もうりてるもと》は秀吉が対峙しており、場合によれば丹羽長秀《にわながひで》も、助勢するであろうから、この方面は心配はない。問題は、われらが相対している上杉景勝《うえすぎかげかつ》だ。

勝家は言っている。

「光秀を討つのは、その後でもよい」

つまり北陸方面軍は、この時点で、織田家全体の安泰を最優先に、戦略・戦術を策定したことが知れる。

迂闊《うかつ》といえばそれまでだが、勝家は織田家の中に、主家を奪おうとする者がいる、という考えそのものを持っていなかった。

だが、秀吉は違った。

――勝家は、あたら主殺し征伐の好機を放棄《ほうき》してしまう。

その結果、織田家の跡目相続に、血統、力量から信長の三男・信孝《のぶたか》を推しながらも、功労者の秀吉に清洲《きよす》（清須）会議を先導《リード》されることとなった。

柴田勝家（1522?～1583年）

絶世の美女と称せられた、信長の妹・お市《いち》の方《かた》を妻に迎えたものの、そのあとの秀吉との覇権争いに敗れ、天正十一年四月二十四日、北ノ庄にて自刃する羽目となった。享年、六十二。

天下を取った秀吉は、後世の心象《イメージ》を良くし、仇役をふられた勝家の評価はいまだに芳しくない。

これも、潔い決断の賜物であったのだが……残念無念である。

戦国一の美女、その意外な散り際

お市の方

織田信長の愛妹・お市《いち》の方《かた》は、色の白い細面《ほそおもて》の美しい女性であった。娘の淀殿《よどどの》が高野山持明院《じみょういん》に奉納した肖像画が、現存している。

美濃《みの》（現・岐阜県南部）を自領の尾張《おわり》（現・愛知県西部）に併合し、初めて〝天下布武《てんかふぶ》〟の印を使用するようになった信長は、京都への経路《ルート》を確保するべく、北近江《おうみ》（現・滋賀県北部）の大名・浅井《あざい》長政《ながまさ》に、自慢の美貌の妹を嫁がせた。

明らかな政略結婚であったが、二人の夫婦仲はよく、夫は義兄を尊敬もしていた。

ところが、永禄《えいろく》十三年（一五七〇）四月、信長が連合軍を率いて越前《えちぜん》（現・福井県北部）の朝倉義景《あさくらよしかげ》を攻めたおり、長政は豹変する。

明日はいよいよ一乗谷《いちじょうだに》を屠《ほふ》るという二十八日の夜、窮地に立った朝倉家に呼応し、長政は連合軍の退路を断つ挙に出たのである。

「まさか、長政が離反？」

信長は信じられない面持ちで、しばし呆然《ぼうぜん》と立ち尽くした、と伝えられる。

無理もない。信長は、長政の篤実な性格を読み切っている、と自負してきた。

それが突如、寝返ったとは——この知らせを伝えてきたのが、実はお市であった。

兄への陣中見舞いに小豆《あずき》を贈った彼女は、その袋の両端をひもで結付《ゆわえつけ》ていた。

気づくか否か、あとは天運にまかせて——。

敦賀平野は三方を山襞《やまひだ》に囲まれ、一方は日本海である。前後から挟撃されれば、まさに袋のねずみであった。

そのことに気づいた信長は、躊躇《ちゅうちょ》することなく、神業《かみわざ》のような迅速さで戦線を離脱する。

いわば連合軍全員を、敦賀に置き去りにしたに等しい。

だが、浅井・朝倉両軍は、この好機に信長の首をあげることができず、かえって信長に再起の機会を与えてしまう。

その後、信長包囲網の中心・武田信玄《たけだしんげん》がこの世を去り、十五代将軍・足利義昭《あしかがよしあき》も中国地方へ追放された。味方の比叡山も潰《つい》え、友誼《ゆうぎ》を誓った朝倉家も滅んでしまう。

浅井領も櫛の歯を抜くように支城を、織田軍に陥《おと》され、ついには小谷《おだに》城のみとなった。

さて、夫・長政は、妻の兄を助けた行為を、どのように思っていたのだろうか。

お市は別段、監禁されてはいない。許されたのだろう。長政は城内の動揺を抑えるため、己れの生前葬儀をおこない、人心を引き締め、徹底抗戦で〝滅びの美学〟を全《まっと》うしようとした。

天正《てんしょう》元年（一五七三）八月二十七日、籠城戦空しく父・久政《ひさまさ》が自害、九月一日には長政も自害して果てた。

ときに久政は四十九歳、長政は二十九歳であった。

勝家と秀吉から強く望まれる

城は開城し、お市の方とその子・茶々《ちゃちゃ》（のち淀殿）、初《はつ》（のち京極高次《きょうごくたかつぐ》の室）、江《ごう》（のち二代将軍・徳川秀忠《ひでただ》の室）の三姉妹は、信長のもとに届けられ、信長の弟・信包《のぶかね》の守る清洲《きよす》（清須）城に引き取られた。

長政の嫡男・万福丸と次男の幾丸（母は不詳）は城を逃れたものの捕えられ、磔殺に処せられている。

お市の方と三人の娘は、信長庇護のもとに平穏に暮らしていたが、天正十年（一五八二）六月、本能寺の変で信長が横死すると、彼女たちの生活環境も一変した。

とりわけお市の方の美貌は衰えを知らず、織田家の筆頭家老・柴田勝家《かついえ》と、主君の仇討を行った功臣の羽柴《はしば》（のち豊臣《とよとみ》）秀吉《ひでよし》が、強く彼女を望んだという。

お市の方が自ら判断したかどうかは不明だが、彼女は勝家と再婚して、朝倉氏滅亡後の、信長より勝家が拝領した越前――北ノ庄《きたのしょう》城に移り住み、〝小谷の方〟と呼ばれることになる。

ときに勝家は五十三歳、お市の方は三十六歳であった。

しかし、二人の婚姻の翌年＝天正十一年、秀吉と勝家の間に、織田家の主導権争いが起こり、やがて両者の戦いは賤《しずが》ケ岳《たけ》の合戦へと傾込《なだれこ》む。

この一戦を制した秀吉は、敗走する勝家を追って北ノ庄城を包囲する――。

落城が迫っていた。

夫の勝家は、お市の方に城を落ちるようにと説得するが、彼女はついに聞き入れなかった。三人の娘を無事に落とすと、お市の方は夫・勝家と天守にのぼり、夫妻は静かに盃を酌みかわして、念仏を唱和し、火炎の中で自刃して果てた。

大村由己《おおむらゆうこ》の『天正記』に拠れば、このとき勝家には妾十二人、三十余人の女房（女使用人のことか）がいたようだが、彼女たちは股肱《ここう》の臣八十余人とともに、主人夫婦の死出の旅路を共にしたという。

その日の朝、お市の方は辞世の歌を詠んでいた。

さらぬだにうち寝《ぬ》る程《ほど》も夏の夜の
夢路《ゆめじ》をさそう郭公《ほととぎす》かな

お市の方（1547 ～ 1583 年）

意味は、ただでさえウトウトしてしまう夏の夜、ホトトギスの鳴き声が私を夢路にさそう、となる。

これに唱和するように、

夏の夜の夢路はかなき跡の名を
雲井にあげよ山《やま》郭公

と勝家は返した。

夏の夜のように、短くして散った我われの名を、雲のうえ（天上＝あの世）まで伝えてくれ、山ほととぎすよ、との意味となる。

しかしお市、ひいては織田家の血脈――浅井長政の無念というべきか――は、娘の茶々を通して豊臣家へ流れ、豊臣家滅亡後は、三女の江を通じて徳川家と結ばれることになる。

稀有な生き方をしたお市の方は、享年三十七であったという。

政治を動かした〝茶聖〟の最期
千利休

後世、〝茶聖《ちゃせい》〟とまで尊称されることになる、茶人・千利休《せんのりきゅう》は、自らが切腹に臨む数日前、ひとつの偈《げ》（仏の徳をほめたたえた韻文体《いんぶんたい》の経文）を遺していた。

人生七十　力囲希咄《りきいきとつ》
吾這宝剣《わがこのほうけん》　祖仏共殺《そぶつともにころす》
提ル《ひっさぐ》我《わが》得《え》具足《ぐそく》の一太刀《ひとたち》
今此《この》時ぞ天に抛《なげう》つ

七十年もの人生を過ごしたものの、真に大法《だいほう》を会得《えとく》するのは容易なことではなかった。が、いまや、わが宝剣＝名剣をふるい、仏陀《ぶっだ》も祖師もともに滅殺《めっさつ》し、迷いの生涯を断つのだ、という意味にとれる。

何という凄まじい、死に際《ぎわ》の捨てぜりふであろうか。

千利休は通説にしたがえば、大永《だいえい》二年（一五二二）、和泉《いずみ》国（現・大阪府南西部）堺・今市町に魚屋《ととや》与兵衛の子として生まれ、幼名を与四郎と称したという。号は宗易《そうえき》であった。その〝茶歴〟については諸説あるが、織田信長《おだのぶなが》に仕え、召し抱えられたことで、歴史の表舞台に登場した、というのは確かであろう。

ときに利休は、五十歳を超えていた。

つまり利休には、それまでの記録がほとんどない、ということであった。

堺を取り締まる「納屋衆《なやしゅう》」の一人だというのも、何時《いつ》からのことかはっきりしない。

天正《てんしょう》十年（一五八二）六月二日、仕えていた信長は本能寺で横死。その家臣として交際のあった羽柴《はしば》（のち豊臣《とよとみ》）秀吉《ひでよし》が、直ちに主殺しの明智光秀を山崎の合戦で一蹴した。

十月に亡君信長の葬儀を、京都・紫野の大徳寺《だいとくじ》で盛大に営んだ秀吉は、十一月七日、同じ山崎に利休、今井宗久《いまいそうきゅう》、津田宗及《つだそうきゅう》、山上宗二《やまのうえそうじ》らの四茶匠を招いて茶会を催している。

この茶会には、極めて政治的な意味合いがあった。

かつての信長の茶頭《さどう》たちを、秀吉が召し抱えた——すなわち、上様＝信長公の後継者は自分である、と秀吉が世間に宣言したことになる。

このとき、利休は六十一歳になっていた。秀吉は、四十六歳である。

してみれば、利休が秀吉に仕えて、賜死《しし》をもって自刃するまで、わずか十年に満たなかったことになる。

この間、利休は茶の湯に斬新さを求め、〝侘び数寄《すき》〟の理念と美意識の昂揚《こうよう》に励んだ。

彼は豊臣家における茶事＝社交を司る、不動の茶頭の立場にたったが、その一方においては秀吉の政治顧問、側近政治の巨頭としての色彩を強めていく。

政治や軍事上の機密にもたずさわり、秀吉の実弟・秀長《ひでなが》すらが、

「内々の儀は宗易（利休）に、公儀の事は宰相（秀長）存じ候」

といい、隠然たる利休の権勢を誇っていた。

だが、茶頭・千利休の偉大な栄光は、その半面、秀吉の家臣としての立場からみた場合、利休にとって、後年の悲劇の源となった感は拭《ぬぐ》えなかった。

茶道は思惑通り後世に刻まれ……

天正十九年（一五九一）正月二十二日、大和大納言《やまとだいなごん》秀長が病没すると、利休を取り巻く豊臣政権の権力構造は一変する。

二月十三日、秀吉は突如として利休を京都から堺へ退去させると、同月二十六日、再び京都へ呼び出して、改めて切腹を命じている。

いったい何が、かくも急激に利休の立場を破局へと導いたのだろうか。

利休が、父の五十回忌法要のために修造した大徳寺山門に、己れの木像を掲げた行為を、秀吉は「不遜僭上《ふそんせんじょう》の所行《しょぎょう》」と見なし、処断理由とした。

しかし、死を賜るほどのことであったのだろうか。

無二の後ろ楯であった秀長の死が、政敵の利休追い落としを顕在化させたことは間違いあるまい。

筆者は、整備された五奉行――なかでも実力派の石田《いしだ》三成《みつなり》との確執《かくしつ》が、大きかったように考えてきた。

このころ豊臣政権は、戦国大名の止《とど》まることのない領土欲を満たすために、南征して呂《ル》宋《ソン》を攻めるか、北伐して朝鮮半島から明《みん》国を目指すのか――この二者択一を迫られていた。

南征の背後には、南蛮貿易の堺商人の思惑があり、北伐には博多商人の利益が絡んでいた。

三成はその博多の復興奉行をつとめた人物でもあり、この政争に利休は巻き込まれ、敗れたのではあるまいか。

それにしても、自刃するほどのことであったのだろうか。秀吉本人も、謝罪すれば許したように思われる。

利休の死の真相は、己れの茶道を鮮烈に、後世に残そうとした彼自身の企てではなかったか、と思われてならない。

生涯を賭《と》した己れの茶道が、明るい泰平の世が近づくにつれて敬遠されるようになり、加えて、自分を後援してくれた人々が次々と去り、それにも増す敵がいつしか多数出現していた。

離背する人心を、取り戻すにはどうすればよいか。

茶の湯の門人たちの周旋もあり、助命の道も開かれていたにもかかわらず、利休は熟慮の結果、あえて死への道を選んだ。

天正十九年二月二十八日、利休は最期の茶の湯を堪能すると、悠然と切腹の座についた。享年、七十。

その死は、みごと計算の如く、後世に茶の湯をしっかりと残した、といえそうだ。

千利休（1522～1591年）

秀吉に気に入られ、豊臣の恩顧に生きた武将

石田三成

戦国武将の中で石田三成《いしだみつなり》ほど、後世の人々の好き嫌いが、分かれる人物は珍しい。

彼ほど豊臣秀吉《とよとみひでよし》、その政権に誠心誠意尽くした人はいない、と評される一方で、上から目線の官僚的な物言《ものい》い、豊臣家に忠誠を尽くすのは当然だ、と大義名分論を振り翳《かざ》されるのは真っ平だ、という人も少なくない。

いずれにせよ、三成は豊臣家の「五奉行」の中で突出した存在であったが、それだけに周囲に慇懃無礼《いんぎんぶれい》に接せられ、敬遠され、意外なことに「五大老」の徳川家康《とくがわいえやす》と共に、豊臣政権の中では孤立していた。

一方の家康は、豊臣家を簒奪《さんだつ》するに違いない、と多くの秀吉恩顧の大名たちから疑われており、そのため三成と家康は、仲が良かったのである。

たとえば、秀吉の病没――朝鮮出兵中ということもあり、極秘扱いにされ、家康にも伝えられていなかったが、直接、徳川家に知らせたのは三成であった。

この家康が頼りとした三成は、近江《おうみ》（現・滋賀県）で生まれており、近江商人を心象《イメージ》する才覚、機転が生来、備わっていた。

秀吉と三成の出会いについては、「三献茶《さんけんちゃ》」の挿話が有名である。

織田信長《おだのぶなが》の部将として北近江三郡（旧浅井長政《あざいながまさ》領＝のちの十二万石）を与えられた秀吉は、鷹狩《たかが》りを口実に領内を見回った。民意を汲みながら、家臣の発掘・登用に余念がなかったのである。

ある一日、伊吹山《いぶきやま》に鷹を放った秀吉は、その帰途、とある寺に入ると、茶湯を所望した。声を聞きつけた稚児小姓が、大ぶりの茶碗に茶湯を七、八分目に、ぬるめにたてて持参する。

秀吉は舌を鳴らしてこれを一気に飲み、「いま一服を」と声をかけた。

すると今度は、前よりも少し温かい茶湯が、茶碗に半分ほどいれられて出て来る。

「さらに、もう一服――」と秀吉は望んだ。出された茶湯は、小ぶりの茶碗に熱く少量容れられていた。

秀吉は応接した稚児小姓のさりげない気配りに感心し、その立ち居振る舞い、涼し気な容貌に満足した。

この稚児小姓こそが、のちの三成であった。

江戸時代の文献に「三成の出自は、寺の小坊主であった」などとあるが、これは徳川家を意識しての曲学阿世《あせい》（世俗におもねりへつらう）もの。

信頼性の高い『霊牌日鑑《れいばいにっかん》』（三成の嫡子で、妙心寺寿聖院《じゅしょういん》の三世となった済院宗亨《さいいんそうきょう》大禅師が伝えた、石田家の過去帳）に拠《よ》れば、「石田治部少輔《じぶのしょう》三成」は、歴とした武家の子であった。

父は名門・京極《きょうごく》氏の家臣であったといわれ、三成が寺へあがった頃は伊吹山の西麓・坂田郡石田村（現・長浜市石田町）の地侍《じざむらい》をしていた。

後の家康も認める存在に

秀吉は子飼いの家臣の中で、早くから三成に注目していた。

小姓に任じ、近習《きんじゅ》をつとめさせ、抜擢して使番《つかいばん》・奏者《そうじゃ》の役へと進めている。三成はいかなる役目を与えられても、律義に徹底した忠勤ぶりを発揮した。

三成はつねづね言っていた。人に仕える者は、主人から与えられた物や俸禄を、全部使って奉公に万全を期すべきである。使い過ぎて借金するのは愚人だが、使い残すのは盗人《ぬすっと》である。（『名将言行録』筆者が現代語に訳す）

彼の真骨頂は、京と諸国を結んでいた数多くの経路《ルート》を、そのまま起点を大坂（のち大阪）に移して、大坂を全国の物流の拠点・一大終着点《ターミナル》として、地方の物産を集積し、現金化すべく体系《システム》を、ほぼ独力で創出したことにあった。

その三成が慶長《けいちょう》五年（一六〇〇）九月、家康と戦った関ヶ原において、この度の挙兵を、豊臣家の最後の戦いと位置づけ、味方＝西軍参加の諸将にも、泰平の世を迎えるための義戦と説いた。

だが、こうした〝正義〟（節義）は、いまだ移ろいやすい戦国末期の、人心を繋《つな》ぎとめておくだけの説得力には乏しかったようだ。

無論、三成も諸侯が望む私欲＝恩賞を約束し、利で諸侯の功名心に訴える工作はしている。だが、己れの胸中にある〝正義〟は、諸侯たちにもあるはず、との希望的観測が強すぎたため、各々への詰めを甘くした。

しかし、徳川家康は違った。乱世のしたたかさを、嫌というほど体験してきた彼は、人間そのものを信じていなかったといえる。ときに、五十九歳。

その違いが両者の、関ヶ原の戦いの勝敗につながった。

敗れて、捕らえられた三成は処刑される。享年、四十一。

だが、三成が示した〝正義〟の重要性を、徳川氏の天下になって、最も理解したのは、家康であった。

石田三成（1560 ～ 1600 年）

石田は日本の政務を取りたる者なり。〈中略〉軍《いくさ》敗れて身の置處《おきどころ》なき姿となるも、大将の盛衰は古今に珍しからず。命をみだりに棄てざるは将の心とする所、和漢其《その》ためし多し。更《さら》に恥辱にあらず。（『常山紀談《じょうざんきだん》』）

家康は近習に語っている。

〝泰平〟を希求した徳川の幕藩体制は、結局、三成の目指した理念の方向へと進む。

このように見てくると、理念が揺《ゆ》らぎ、政治・経済・外交が混沌《こんとん》とする現代でも、三成の目指した理想は、必要不可欠なものではあるまいか。

要は、それを成功させるための見場《みば》――他人《ひと》の受けを、工夫しなければならない、ということであろうか。

天下人・豊臣秀吉の軍師の正体

黒田官兵衛

軍師の代名詞＝戦国武将・黒田官兵衛孝高《くろだかんべえよしたか》（号して如水《じょすい》）は、実は心根が正直な人であった。加えて、決して譲らぬ頑《かたく》なな性格が、同時に腹に居座っていたように思われる。

天文《てんぶん》十五年（一五四六）、播州《ばんしゅう》（現・兵庫県西南部）の小大名・小寺《こでら》氏（御着《ごちゃく》領主）の家老の家に生まれた彼は、三十歳のとき、織田信長《おだのぶなが》の勢いを察知して、その天下制覇を確信。主家の小寺氏を、織田方に随身させようとして成功する。

ところが臣下の礼をとっていた荒木村重《あらきむらしげ》が、主君信長に謀叛したことにより、官兵衛は主君・小寺政職《まさもと》が村重と裏で通じているとも知らず、摂津有岡城《せっつありおか》（現・兵庫県伊丹市）の村重を翻意させるべく、単身、城へ赴き、挙げ句、幽閉されてしまう。

天正《てんしょう》七年（一五七九）十月、有岡落城とともに、十一ヵ月ぶりに救出された官兵衛は、骨と皮だけという悲惨な状態となっていた。

しかも、入城したまま消息を絶ったため、信長に裏切りを疑われ、人質となっていた嫡子・松寿《しょうじゅ》（のち長政《ながまさ》）を殺されかけている。

もし、羽柴《はしば》（のち豊臣《とよとみ》）秀吉《ひでよし》の幕下に竹中半兵衛《はんべえ》がいて、己れの生命《いのち》を懸《か》けて松寿を匿《かくま》うことがなければ、わが子の生命はなかったはずだ。

――稀代の策謀家にしては、誠《まこと》に（じつに）もってお粗末である。

だが、多くの犠牲を払って、官兵衛はたった一つ、得がたいものを手に入れた。「節義」である。

黒田官兵衛という男は、決して約束は違《たが》えない、との評判は、彼の後半生に大きな財産となった。

天正十年六月二日、本能寺の変が勃発した。

おりしも秀吉の軍師（正しくは与力）として、織田家の中国方面軍にあった官兵衛は、毛利《もうり》方の備中《びっちゅう》高松城（現・岡山県岡山市北区）攻めの最中であった。

下手をすれば秀吉の軍勢は、敵地の真ん中で空中分裂し、自滅しかねない危機に直面する。

正面には毛利勢三万があり、背後の京都には信長を討った明智《あけち》光秀《みつひで》の軍勢一万六千がいた。

中国方面軍は二万七千五百とはいえ、混成部隊の寄り合い――秀吉直属の家臣団は六千しかいなかった。

郵便はがき

切手をお貼りください。

102-0071

東京都千代田区富士見一―二―十一
KAWADAフラッツ一階

さくら舎 行

住所	〒 都道府県			
フリガナ		年齢	歳	
氏名		性別	男	女
TEL	(　　　)			
E-Mail				

さくら舎ウェブサイト　www.sakurasha.com

愛読者カード

ご購読ありがとうございました。今後の参考とさせていただきますので、ご協力をお願いいたします。また、新刊案内等をお送りさせていただくことがあります。

【1】本のタイトルをお書きください。

【2】この本を何でお知りになりましたか。

1.書店で実物を見て　2.新聞広告（　　　　新聞）

3.書評で（　　　）　4.図書館・図書室で　5.人にすすめられて

6.インターネット　7.その他（　　　　）

【3】お買い求めになった理由をお聞かせください。

1.タイトルにひかれて　2.テーマやジャンルに興味があるので

3.著者が好きだから　4.カバーデザインがよかったから

5.その他（　　　　）

【4】お買い求めの店名を教えてください。

【5】本書についてのご意見、ご感想をお聞かせください。

●ご記入のご感想を、広告等、本のPRに使わせていただいてもよろしいですか。

□に✓をご記入ください。　□ 実名で可　□ 匿名で可　□ 不可

こうした秀吉軍の弱点を補い、敗亡の淵から脱出するため、官兵衛の打った起死回生の妙案こそが、

「これを機に、秀吉さまが天下をお取りなさる」

という破天荒な夢を、織田家中国方面軍の全将兵に抱《いだ》かせたことであった。

慈しみの心をもった策士

官兵衛は城将・清水宗治《むねはる》（四十六歳）の切腹、毛利家の領国五ヵ国割譲を三ヵ国に減らす条件をもって、講和を取り決めた。

また、この重大な局面で彼は、講和の証《あかし》＝毛利方の人質を、先方に返すよう秀吉に進言している。

「明智光秀に勝利すれば、天下の信望は一身に集まり、毛利方も人質の有無にかかわらず、秀吉さまに臣従いたしましょう。光秀に敗れるようでは生還は期し難く、毛利の人質も意味はありますまい」

戦場外交は終了し、官兵衛の策した〝中国大返し〟は大成功となった。

以後、秀吉は光秀を討って、天下取りへの進路《コース》を歩む。

他方、智謀をもって世を渡った官兵衛は、みずからが育てた家臣団においては、勇猛果

敢な一騎当千の強者《つわもの》を輩出していた（栗山四郎右衛門、母里《ぼり》太兵衛、井上九郎右衛門、後藤又兵衛《またべえ》ら〝黒田二十四騎〟）。

生来、病弱であった官兵衛は、身体を労《いた》わる術《すべ》を幼い頃から自得しており、自分には馬上で功名を挙げることは無理だ、との悟りがあった。そのため、功名は家臣たちにまかせよう、と決めていたようだ。

それだけに彼は、家臣・領民への慈《いつく》しみを強くもち、次のように後継者の長政にも語っている。

「人を手打ちにするのは、重大なことである。殺さねばならぬような罪を、犯させないようにせねばならない。この心得が大切だ」（『黒田家譜』）

この家臣・領民に対する慈しみの深さこそが、官兵衛の、本当の統率の基本理念であったといえそうだ。

彼は人殺しが日常茶飯事の戦国乱世にあって、人を死罪に処することを嫌がり、その人柄あってか、手塩にかけて育てた家臣に離反されることもなかった（後藤又兵衛が黒田家を去ったのは、次代の長政の治政）。

その晩年、官兵衛は子孫に七ヵ条からなる訓戒を遺したが、中でも次の二ヵ条は、家臣団統率術の要諦として、あるいは治世そのものの極意といえるかもしれない。

一、神の罰より主君の罰おそるべし。主君の罰より臣下万民の罰おそるべし。
一、政道に私なく、その上、我が身の行儀作法を乱さずして、万民の手本と成《なす》べし。
慶長《けいちょう》九年（一六〇四）三月二十日、この稀代の策士は山城国伏見で、平穏にこの世を去った。享年は、五十九であったという。

黒田官兵衛（1546 ～ 1604 年）

官兵衛の息子であり、竹中半兵衛ともども〝二兵衛〟の愛弟子ともいえる黒田長政は、関ヶ原の戦いののち、筑前福岡五十万二千四百石余を徳川家康から拝領している（五十二万石となったのは三代藩主光之《みつゆき》から）。
なお、この家は、明治を無事に迎え、今日につづいている。

時代に翻弄された、大坂城の〝女城主〟

淀殿

〝女城主《おんな》〟などと、事々《ことごと》しくいうと、何かしら特別な存在のように聞こえるかもしれない。けれども、戦国時代のみならず、日本の中世全体において、女性にも男性と同様に、父母の財産を相続する権利が広く認められていた。

戦国の覇者・織田信長《おだのぶなが》の妹で、当代随一ともいわれた美貌の女《ひと》・お市《いち》の方《かた》は、北近江《おうみ》（現・滋賀県北部）の戦国大名・浅井長政《あざいながまさ》との間に茶々《ちゃちゃ》、初《はつ》、江《ごう》という三人の娘を残して、この世を去った。

三姉妹はいずれも、母の美貌を受け継いでいたというが、このうち長女の茶々は、のちに山城《やましろ》国淀城《よどじょう》（現・京都市伏見区）の女城主となっている。

「淀殿《よどどの》」と呼ばれ、母も経験しなかった三度目の落城＝大坂落城で、わが子・豊臣秀頼《とよとみひでより》と死ぬ、数奇な運命に弄ばれた生涯をおくった。

淀殿は信長のあと天下を取った豊臣秀吉《ひでよし》が、若い頃から思いこがれていたお市の方に似ていたという（筆者は残る双方の肖像画は、似ていなかったように見えるのだが……）。

いずれにせよ秀吉は、ついに想いを遂げることのできなかったお市の代用として、娘の淀殿《よどどの》によって、その思いを満たそうとしたかのような雰囲気を、周囲には持たれていた。

たしかに淀殿は、一人の女性としては美しくあったろうが、機知に富んでいたり、個性豊かな〝おもしろ味〟のある女性ではなかったようだ。

何一つ、その種の挿話が残されていない。

あるいは淀殿は、天下人となった父母の仇敵《きゅうてき》＝秀吉の側室となり、二度もその子を産んだことに、内心、忸怩《じくじ》たる思いがあったのかもしれない。

天正《てんしょう》十七年（一五八九）に一人目の鶴松《つるまつ》を産んだが、わずか三歳で早世してしまい、文《ぶん》禄《ろく》二年（一五九三）に改めて秀頼を産んでいる。

秀吉は晩年になって生まれた秀頼を、天からの授かりものとして大切に扱い、その生母である淀殿を、このうえもなく愛した。

その愛情がやがて、淀殿の驕慢《きょうまん》を増長させることになり、ついには正室の北政所《きたのまんどころ》＝於禰《おね》をもしのぐ勢いを示すことにつながってしまう。

なにしろ淀殿は、天下一の堅城・大坂城の、女主《おんなあるじ》となったのであるから。

慶長《けいちょう》三年（一五九八）八月に秀吉が六十二歳で没すると、淀殿は秀頼の後見として大坂城に入った。正室である北政所は、淀殿に遠慮して城を去って尼となり、京の三本木に隠《いん》棲《せい》している。

北政所に見えていた豊臣家の運命＝落日といったものが、淀殿には皆目、理解できていなかったようだ。

やはり、才覚の聡《さと》い女性ではなかったのだろう。

加えて、北政所と比べると、二人の身分の差も考慮する必要があった。

失った地位を最期まで認めず

もともと織田家の足軽頭《あしがるがしら》の養女にすぎなかった於禰は、秀吉の関白就任とともに従三位《じゅさんみ》「北政所」となり、さらには従一位、准三后《じゅさんごう》、豊臣吉子《よしこ》の名を賜っている。

のちに秀吉が死去して落飾し、高台院湖月尼《こうだいいんこげつに》と号したが、彼女はまごうことなき、日本の太閤夫人《ファーストレディ》といってよかったろう。

ところが、一方の淀殿は、血脈に織田信長という伯父を持っていても、彼女自身は官位のない一介の女性にすぎなかった。

秀頼という息子がいなければ、北政所の目前に現れる資格も、淀殿は持っていなかったのである。

いまひとつ、彼女には気鬱《きうつ》（ヒステリー）の持病があった、と当時の天下の名医・曲直《まな》瀬道三《せどうさん》は証言している。

「気昏《きくら》ませし、手足が動かなくなり、体が氷のようにつめたくなった」

という。

秀吉という最大の保護者を失ったため、あれこれ思い悩んでも、心から安心することができず、そのため発作がときどき出たようだ。

それはさておき、大坂城での淀殿は、城の巨大さから、関ヶ原の合戦によって天下の趨《すう》勢《せい》が徳川家康《とくがわいえやす》に移ったのちも、その事実をどうしても認めることができなかった。

天下の権を失い、摂津《せっつ》（現・大阪府北部と兵庫県南東部）・河内《かわち》（現・大阪府南東部）・和泉《いずみ》（現・大阪府南西部）六十余万石の大坂城主という一大名に転落しても、九条兼孝《かねたか》が関白に任じられても、家康が征夷《せいい》大将軍に任じられても、これらは秀頼が成人するまでの臨時の処置と思い込もうとした。

そのため、徳川家に膝を屈して、母子が生き残る方法を、最期まで淀殿は見出す努力をしなかった。

一方で、あるいは英邁であったかもしれない秀頼を完全に己れの支配下におき、女主人として武将の嗜《たしな》みを否定し、わが子を公家の代表者とすべく学問を修めさせた。

それが結果として、秀頼を去勢《きょせい》させる日々となってしまう。

家康はわが子・秀忠《ひでただ》に将軍職を譲ったあとも、駿河《するが》（現・静岡県中部）にあって大坂の

淀殿（1567～1615年）

動静を見守っていたが、ついに慶長十九年（一六一四）十月、大坂征討に乗り出し、冬・夏の両陣によって、豊臣家を滅亡させる。

淀殿と秀頼は、慶長二十年五月八日、大坂城内の山里曲輪《やまざとくるわ》において、火炎の中で自刃して果てた。

母の享年は四十九、子の秀頼は二十三であった。

今際《いまわ》の淀殿にはおそらく、家老にすぎない家康に裏切られた、との怒りしかなかったのではあるまいか。

お堀の役割を軽んじて負けた豊臣秀頼

御所《ごしょ》柿（家康の天下）は
独り熟して落ちにけり
木の下にいて拾う秀頼《ひでより》

慶長《けいちょう》十六年（一六一一）、徳川家康がまだ二条城にいた頃、京都の町にはり出された落《らく》首《しゅ》（作者名をかくして、政治や社会を批判したたわむれの歌）である。

ときに家康は七十歳、豊臣秀頼《とよとみひでより》は十九歳であった。

関ヶ原の戦いで勝利して以来、宥和《ゆうわ》策をもって秀頼を一大名に封じ込めようとした家康も、己れの老齢化に反して、秀頼が成人していくのを見るにつけ、不安と焦燥を募らせ、ついには実力で秀頼を屈服させようと画策するにいたった。

慶長十六年から同十九年にかけて、豊臣譜代の有力大名・加藤清正《きよまさ》、池田輝政《てるまさ》、浅野幸《ゆき》長《なが》らが相次いで病没すると、時節到来とばかりに家康は、秀頼側への圧力を倍加した。京都・東山の方広寺《ほうこうじ》の鐘銘「国家安康君臣豊楽」に言い掛かりをつけ、釈明のために駿河（現・静岡県中部）へ出向いた秀頼方の家老・片桐且元《かたぎりかつもと》を介して、大坂城を明け渡して国替《くにがえ》を承服するか、秀頼か淀殿《よどどの》に江戸参勤をさせるか、の二者択一を迫った。

憤激した大坂方は、且元を大坂城から追放し、開戦準備をはじめる。

しかし、家康の対応は、それ以上に素早く、同年十月には東海・中国・四国の大名たちに大坂の包囲を、東北地方の大名には江戸に参会させる手筈《てはず》を整えた。

同月二十三日、家康は麾下《きか》の軍勢を従えて京都に到着。前後して徳川方の諸大名も続々と入京した。総勢は二十万である。

家康は十一月十五日、二条城から出陣。将軍秀忠《ひでただ》（家康の三男）と茶臼山《ちゃうすやま》で合流し、ここを本営と定めて布陣を完了する。同月十九日、本格的な合戦の火ぶたが切って落とされた。だが、さすがに豊臣秀吉が、天下の総力を傾注して築いた比類なき堅城である。

とりわけ、天下無敵といわれた、関東の北条氏の小田原城を見本《モデル》とした総堀（外堀）の威力は凄まじく、皆目、攻城方を寄せつけなかった。

唯一、力攻めに弱いと見なされた城の南東にも、真田信繁《のぶしげ》（俗称・幸村《ゆきむら》）の守る〝真田《さなだ》丸《まる》〟が築かれ、十二月四日、前田利常《としつね》（金沢百二十万石）勢がここへ押し寄せたが、手痛い反撃にあい、攻城方は多数の死傷者を出している。

同月十六日、家康は準備していた大筒《おおづつ》の、一斉砲撃を開始させたが、その成果は微々たるものであった。家康は大坂城の難攻不落を、秀吉より聞かされていた。

当初から講和を想定していたが、大坂方はこの大切な〝徹底籠城〟の戦略を、秀吉亡きあと忘却してしまったようだ。

家康は連日、大砲を撃ち込み、連夜、兵に大声を出させて、城内の女・子供の恐怖心を募らせたのだ。目指すは、淀殿の戦意喪失。

幸いにして砲弾の一発が、天守に命中し、女城主・淀殿《よどどの》の侍女が死傷する事態となった。

やがて真田・毛利軍が力尽き……

想像した通り、淀殿は顔面蒼白。全身を戦慄《わなな》かせて、戦《いくさ》の中止をいい出し、やがて極秘裏に、淀殿主導による和平会議が設けられることに――。

その結果、大坂城は本丸のみの堀を残して、二ノ丸・三ノ丸の堀を破却することが、口頭で約束され、総堀は攻城方によって埋め立てられることとなる。

二ノ丸、三ノ丸の堀は大坂方の担当であり、ゆるゆると作業をしつつ、家康の死を待つはずが、手のうちを読まれ、家康の命で、堀は短期日に埋めつくしてしまった。

家康は秀頼に、大和《やまと》（現・奈良県）か伊勢（現・三重県）への国替を伝えた。

最終通牒であった。けれども秀頼はそうとは受け取らず、慶長二十年（一六一五）三月、使者を駿府に送り、国替の中止を嘆願する。

が、家康は秀頼の拒否を口実に、再び諸大名に大坂出陣を命じると、またもや二十万の大軍をもって、大坂城を包囲した。世にいう、大坂夏の陣である。

徳川方は大軍を二手に分け、一軍は大和から河内《かわち》（現・大阪府東南部）に入り、国分付近に布陣。家康・秀忠ら本軍は河内をすすみ、国分の東方、大坂城東南四里にある道明寺《どうみょうじ》付近で、両軍が合流する作戦をたてた。

徳川勢の意図を読んでいた後藤又兵衛《またべえ》、木村重成《しげなり》、長宗我部《ちょうそかべ》盛親《もりちか》、毛利《もうり》勝永《かつなが》、真田信繁らは、少数で大軍を迎え撃つため、大坂城を出て地の利を占めて戦う戦術をとる。

六日、又兵衛の一軍が徳川勢の攪乱《かくらん》を狙って、道明寺に討って出たものの、続いてやってくるはずの勝永・信繁の隊が、霧のため姿を見せず、到着したのは又兵衛らが討死《うちじに》したあとであった。

ほぼ同時刻、道明寺の北方二里にある八尾・若江では、重成、盛親の率いる約一万の軍勢が、徳川方の藤堂高虎《とうどうたかとら》・井伊《いい》直孝《なおたか》らの軍勢と血戦を繰り広げていた。が、所詮は多勢《たぜい》に無勢《ぶぜい》。戦いに利あらずして、重成が討死を遂げる。

七日、家康は早朝に枚岡に陣をすすめ、主戦場となる天王寺《てんのうじ》口には自らが、将軍秀忠は岡山口へ回る布陣を決定。この天王寺・岡山での戦いが、大坂夏の陣の最終決戦となる。

真田信繁・毛利勝永の軍勢は再三、家康の本陣に討ちかかり、勇名を馳せたが、ついに力尽きて敗死した。

他方、大坂城内の秀頼はこの期に及んでも、一向に戦場に姿を見せなかった。

これでは総帥としての、資質が問われるというもの。

冬の陣における講和もそうだが、つまるところ秀頼は大将の器ではなく、否、城主でもなく、支城主の判断によって豊臣家は滅亡する運命にあったとしか思えない。

翌五月八日、大坂城は火焔《かえん》に包まれて灰燼《かいじん》と化し、秀頼は山里曲輪の矢倉の中で、母の淀殿とともに二十三歳の生涯を閉じた。

秀吉にもう少し余命があれば、彼は秀頼をどのように育てたであろうか。

筆者には、さほど違わない未来が、秀頼に待っていたように思えてならない。

豊臣秀頼（1593～1615年）

第三章　幕末という激流

明治の日本を見通していた
島津斉彬

薩摩《さつま》藩十一代藩主・島津《しまづ》斉彬《なりあきら》には、

「三百諸侯中、英明第一」

との評価が、その存命中にできあがっていた。

ちなみに、一つの算出方法によると、江戸＝徳川幕府下の全大名家は、二百七十余年（廃藩置県まで）でのべ五百八十藩存在し、その歴代藩主は合計で四千二百九十余名——この中で、後世の人々が「名君」とか「賢侯」と呼ばれた人物を思い起こした場合、さて、一パーセントの、四十余名を挙げることができるだろうか。まずは、難しかったに違いない。

〝幕末四賢侯《しけんこう》〟の一人に数えられる、越前《えちぜん》福井藩主・松平慶永《よしなが》（号して春嶽《しゅんがく》）などは、八代将軍吉宗《よしむね》の玄孫《げんそん》（孫の孫）として、将軍家の家族＝御三卿《ごさんきょう》の一《いっ》・田安《たやす》家に生まれ、御家門の越前松平家の養嗣子《ようしし》となり、一方では自らの教養に負う気持ちも強く、あまり他人を

褒めなかったが、斉彬については例外で、

「性質温恭《おんきょう》忠順、賢明にして大度《たいど》（度量が大きい）有所《あるところ》、水府《すいふ》老公《ろうこう》（徳川斉昭《なりあき》）、容堂《ようどう》（山内豊信《とよしげ》）如《ごと》きとは、同日《どうじつ》に論じ難し。天下の英明なるは、実に近世（当節）最第一なるべし」（『逸事史補《いつじしほ》』）

と手放しで激賞している。

幕末維新の英傑・西郷隆盛《さいごうたかもり》（薩摩藩士）を横井小楠《しょうなん》（肥後《ひご》熊本藩士）とともに、「今までに天下で恐ろしいものを二人みた」と評した幕臣・勝海舟《かつかいしゅう》は、

「公は偉い人だったよ」

と斉彬をしみじみと回想し、『亡友帖』の中でも、

「侯（島津斉彬）、天質温和《てんしつおんわ》、容貌整秀《ようぼうせいしゅう》、臨むべく、其威《そのい》望凜乎《ぼうりんこ》、犯すべからず。度量遠大、執一之見無《しゅういつのけんな》く、殆《ほと》ど一世を籠罩《ろうとう》するの概《がい》あり」

と述べ、つづいて薩摩（現・鹿児島県西部）から人材が輩出したのも、すべては斉彬の「薫陶培養《くんとうばいよう》の致す所」だ、といい切ってはばからなかった。

その斉彬の薫陶の結晶が、たとえば西郷隆盛であったろう。後年、ある人が西郷に、

「順聖院《じゅんしょういん》さま（斉彬の諡《おくりな》）は、いかなるお方でございましたか」

と問うた。すると西郷は粛然として襟を正し、

「――あたかも、お天道《てんとう》さまみたいなお方でございもした」

と答えて、泣いてしまったという。

のちに西郷は「敬天愛人《けいてんあいじん》」の標語《スローガン》を掲げるが、この〝天〟は具体的には斉彬のことを指した、と筆者は考えてきた。

とにかくこの殿さまに、できないものはなかった。

和歌も上手にできれば、画は狩野派を能《よ》くし、習字は御家《おいえ》流の名筆。活花、茶の湯、能、鼓、謡曲——およそ、上達に苦労したものがない。学問は和漢に加えて蘭学に精通し、八歳からはじめた馬術は名人の域。剛弓も引き、槍もよくつかった。

なるほど、死後に照国《てるくに》神社のご神体となるのも道理である。

斉彬の側近として仕えた薩摩藩士・松木弘安《こうあん》（のちの寺島宗則《てらしまむねのり》・明治の外務卿）は、己れの主君のことを「二つ頭《びんた》」（優秀な二人前の頭脳）と称して、感嘆したという。

日本の行く末が見えていた

斉彬は、阿片《アヘン》戦争を蘭書や蘭学者から伝聞し、戦勝国イギリスの強さが「鉄砲と艦船」にあるとして、その根元を「製鉄と蒸気機関の理法」に見てとった。

この人物の凄さは、さらに思慮して、「要するに窮理《きゅうり》（物理）と舎密《せいみ》（化学）だ」と、突きつめて看破したところにあった。

「一日も早く、この二つを中心に洋学を研究し、活用しなければならない」

と斉彬はいうのである。

また、彼は次のような見解をも示していた。

「――欧米列強は、明らかに日本国を占領併合するべくやってこよう。日本を守るためには、国が一つにまとまる政治の体制をつくり、殖産・興業・強兵・海運を開発して、わが方から彼らの勢力圏へ打って出るほどの威力を示さなければ、到底、列強の脅威を防ぎきれるものではない」

三十代の若さで斉彬には、ここまでの明確な日本の進むべき方針、行く末がみえていた。

なぜ、これほどの大局観・先見力にめぐまれていたのか。

彼は手に入るかぎりの文献を咀嚼《そしゃく》し、薩摩藩が支配していた琉球（現・沖縄）に日本国を置きかえ、具体的に試行錯誤をくり返して、実践の中で考えたからだ。

余人には決して、この斉彬の真似、追随はできなかったであろう。

斉彬は、ペリー来航で動揺する幕府の老中首座《ろうじゅうしゅざ》・阿部正弘《まさひろ》を支え、挙国一致体制をつくるべく協力し、一橋慶喜《ひとつばしよしのぶ》（のち十五代将軍）を十四代将軍につけるべく画策する。

政敵となった大老《たいろう》・井伊直弼《いいなおすけ》に、この企てを阻まれるや、一気に大勢を取り返すべく、自ら三千の武装薩摩藩兵を率いての、上洛を計画した。

もし、実現していたならば、日本の〝未来〟は大きく方向を変えたはずだ。

島津斉彬（1809～1858年）

ところが斉彬は、その直前に急死してしまう。

安政《あんせい》五年（一八五八）七月十六日、享年は五十であった。

明治維新を先駆けたであろう、大いなる可能性＝挙国一致体制による開国への道が、この時、閉ざされてしまった。

今に毒殺の疑いが晴れないのも、その巨大な〝二つ頭〟に、多くの人々が国の未来と夢、期待をかけていたからであろう。

その薫陶を受けた愛弟子の西郷や後継者である異母弟・島津久光《ひさみつ》によって、斉彬の遺志は受け継がれ、日本はどうにか明治維新に辿り着くことができた。

もしも、斉彬本人が生きてあれば、そのあとの明治をどのように導いたであろうか。聞けるものならばぜひとも、聞いてみたいところである。

実は開国論者だった〝攘夷〟の総本山
徳川斉昭

幕末、〝尊王攘夷〟を合言葉《スローガン》に、全国の〝志士〟に敬慕された九代水戸藩主・徳川斉昭《とくがわなりあき》（諡号《しごう》は烈公《れっこう》）は、

「私は立場上、攘夷といっているが、若い世代は開国を考えるべきだ」

と、周囲の者には、己れの本音をもらしていた。

清国がイギリスに敗れた阿片《アヘン》戦争で、欧米列強の強さを思い知らされた日本の為政者は、そもそも彼らと戦う気力を持っていなかった。

気合いだけで、列強に立ち向かおうとしたのは、下級武士や郷士、庄屋層たち。世間から隔離されていた公家は、主義主張を持たず、混乱を生活の糧《かて》とした三流の志士《テロリスト》は、時流に乗ってさわいだだけであった。

ではなぜ、水戸藩が〝尊攘〟をいい出したのか。実収が三十万石も怪しいといわれた、〝御三家《ごさんけ》〟一の、貧しさにそもそもの原因があった。

それを知らない江戸の庶民は、貧乏ゆえ参勤を免除された水戸の藩主を、「天下の副将軍」などと囃《はや》したのだが……。

清貧に甘んじなければならなかった水戸藩は、なまじ名君、賢侯がつづいたことから、「尊王賤覇《そんのうせんぱ》」（京都の天皇を尊崇し、幕府＝武家政権を賤《いや》しむ）の思想を生み出してしまう。

そのため水戸学は、たえず幕府から猜疑《さいぎ》の目で見られ、八代藩主・斉脩《なりのぶ》の死に伴う藩主継嗣《けいし》問題でも、その後の政争を左右することになる。

幕末の一時期に一世を風靡《ふうび》し、日本で最も影響力をもつ男となる徳川斉昭は、寛政《かんせい》十二年（一八〇〇）三月十一日、七代藩主・治紀《はるとし》の三男として生まれた。

藩主継嗣問題は、八代を継いだ兄の斉脩に子がなく、岳父《がくふ》（妻の父）であった十一代将軍・徳川家斉《いえなり》が、わが子の恒之丞《つねのじょう》（のち清水家に養子、斉彊《なりかつ》）を次期藩主にしようとし、それを迎えようとした保守派の藩重臣と、斉脩の弟・斉昭を立てるべし、とする藤田《ふじた》東湖《とうこ》、会沢正志斎《あいざわせいしさい》ら改革派の下級藩士が激しく対立。結果は改革派の勝利となって、斉昭は九代藩主となった。

ときに、文政《ぶんせい》十二年（一八二九）のことである。三十歳で藩主となった斉昭は、身分を問わず人材を抜擢《ばってき》。一方、『大日本史』編纂の事業を継承し、強化する方針を打ち出す。

斉昭は藩内の風俗を矯正《きょうせい》し、財政の整理、軍制改革を矢継ぎ早に断行した。

彼の藩政改革は実に華々しく、幕府からは褒詞《ほうし》や黄金などが与えられ、この時点では表彰されたりもしている。

最後まで守りたかったもの

ところが、褒詞拝受からわずか一年後の天保《てんぽう》十五年（一八四四）、斉昭は突如、幕府から呼び出され、藩主引退、謹慎を強引に命じられる。

理由は押しなべて、

「ご謀叛の疑いあり」

というもの。

斉昭は子の慶篤《よしあつ》に家督を譲り、江戸・駒込の藩邸に閉居致仕《ちし》する。

ここで、先の幕府の謀叛の疑い――〝追鳥狩《おいとりがり》〟と〝蝦夷地国替《えぞちくにがえ》〟について、少し触れておかねばならない。

斉昭は天下に〝尊攘〟を叫び、大砲を鋳造し、軍艦を造ったのだが、〝追鳥狩〟は水戸城の近く、千波ケ原《せんばがはら》（現・茨城県水戸市）で行った軍事演習を指した。

並行して斉昭は、幕府に蝦夷地（現・北海道）への移住を願い出る。つまり、自ら北方の守りを固めたい、と志願したわけだ。無論、幕府はそのような、突飛な申し出を認めなかった。

ところが嘉永《かえい》二年（一八四九）の三月、斉昭は藩政への関与を許される。時勢の変化により、幕府が斉昭に集まる世上の人気を、配慮せざるを得なくなったからである。少し先走りするが、嘉永六年六月、ペリーの来航の事態を受けて、老中首座・阿部正弘は、斉昭を海防参与に起用した。

また、弘化《こうか》四年（一八四七）九月には、彼の七男・七郎麿《しちろうまろ》（慶喜《よしのぶ》・のち十五代将軍）が一橋《ひとつばし》家を相続したが、これも斉昭の心中を忖度《そんたく》した阿部の尽力あればこそであった。

人気者の斉昭を幕閣に取り込み、その子で英邁《えいまい》の誉れ高い一橋慶喜を、次期将軍に擁立して、〝挙国一致〟の体制を築くべく、苦心惨憺《さんたん》した阿部であったが、翌嘉永七年三月三日、ついには日米和親条約を締結。これにより、斉昭との関係は疎遠となる。

幕府の海防参与から身を引いた斉昭は、藩内の海防・軍備充実に取り込むが、その最中の安政《あんせい》二年（一八五五）十月、江戸を襲った大地震で、片腕とも恃《たの》んできた東湖と戸田蓬《ほう》軒《けん》を、藩邸の倒壊によって失ってしまった。

二人が圧死した年の八月十四日、幕府は再び斉昭に政務参与を命じる。

が、斉昭が主張するところの〝ぶらかし〟論――開国要求を穏便《おんびん》に拒絶しながら、決定を引き延ばして、その間に武備を強化して攘夷を断行する――は、当然の如く採用されず、事態は欧米列強との修好通商条約の調印へと進む。

当然のことながら、同年十月九日、開国派の下総佐倉藩主・堀田《ほった》正睦《まさよし》が阿部に代わって老中首座に就くと、斉昭と幕閣は再び離れてしまった。

万延《まんえん》元年（一八六〇）八月十五日、持病の脚気《かっけ》からの心臓発作により、斉昭は六十一歳をもって他界した。

後世から思うに、水戸烈公とはそも、何者であったのだろうか。この人物は何を成そうとしたのか。

徳川斉昭（1800～1860年）

世の中を水戸学で混乱させただけではなかったのか、そう思った人は、決して少なくなかった。

毒舌で鳴る勝海舟《かつかいしゅう》は、斉昭について「天下の安危に関する仕事をやった人でなくては、そんなに後世に知られるものではない。ちょっと芝居をやったくらいでは、天下に名はあがらないさ」と述べていた（勝部《かつべ》眞長《みたけ》編『氷川《ひかわ》清話《せいわ》』）。

吉田松陰

生まれながらの〝師〟が残したもの

――高等学校の、日本史の教科書から、吉田松陰《よしだしょういん》が消えるという。残念でならない。

幕末の文政《ぶんせい》十三年（一八三〇）八月、長州《ちょうしゅう》藩士・杉百合之助《ゆりのすけ》の次男として生まれた通称・寅次郎《とらじろう》は、のちに同藩の山鹿《やまが》流兵学師範の吉田家へ養子入りした。

諱《いみな》を矩方《のりかた》、有名な「松陰」は彼の号である。

幼少期からこの人は、〝秀才〟の誉《ほま》れが高かった。なにしろ、十一歳で藩主・毛利敬親《たかちか》に兵学書『武教全書』を講義したほどである。

ただ、松陰がほかの秀才たちと異なったのは、机上の空論を弄《もてあそ》ぶことに満足せず、広い世間を実際に識《し》ろうとした行動力にあった。

彼は藩邸亡命の罪を問われ、世禄を奪われても、まったく後悔するところがなく、これで自由の身になった、と遊学を改めて願い出るありさま。

嘉永《かえい》六年（一八五三）六月、ペリー来航の報を得た松陰は、戦うにせよ、和するにしても、まずは世界の情勢を知らねばならない、と考えた。

　国禁を犯して彼は、欧米列強への渡航を決意し、長崎に停泊中のロシア軍艦での密航を企てるが、うまくいかない。それでも諦めず、嘉永七年三月、ペリーのアメリカ軍艦に密航を直談判したが、ついに目的を達成することはできなかった。

　密航を企てたことが明らかとなり、萩《はぎ》（現・山口県萩市）の野山にあった獄へ移された松陰は、ここで牢屋の囚人を集めて勉強会を開いている。そのあと、実家の杉家に幽閉されることとなった。

　それから松陰は、二年十ヵ月にわたって松下村塾《しょうかそんじゅく》を主宰する。

　数年後、正確には安政《あんせい》五年（一八五八）からの〝安政の大獄《たいごく》〟によって、彼は再び逮捕され、刑死を余儀なくされてしまう。ときに、三十歳。

　あまりにも、儚《はかな》い人生であった。

　しかし、当の松陰は、遺書ともいうべき『留魂録』の中で、次のように語っている。

「自分は三十歳。何一つ成すことなく死んでいくのは、よい収穫がなくて身が終るようで、まことに残念なことのように見えるが、実はそうではない。人間の四時（四季）というのは、自然の四時と違って、十歳で死ぬ者には十歳の四時があり、二十歳で死ぬ者には二十歳の四時がある。今、三十歳でこの世を終わる自分には、それなりの四時が備わり、それなりの秀実（成果）があったのだ。

それがりっぱな実りであったか、未熟であったかは、わが知るところではない。ただ、わが微衷《びちゅう》（まごころ）をあわれむ人があれば、その人においてわが種子がうけつがれ、りっぱに収穫されるのを期待するばかりである」（筆者意訳）

松陰の面目は、まさにここにあった。

彼はいう。

私は不甲斐なくも、人生の戦いに敗れた。問責は、謹んで甘受する。

しかし一度敗れたぐらいで、挫《くじ》けるようでは勇士とはいえない。

わが屍《しかばね》を越えて、君たちは先へ進んでくれ。

自分も魂は留めおいて、それを見守っている。

あとは頼む。よろしく頼んだぞ。

この松陰の遺言は、彼の松下村塾で学んだ弟子たちに、見事に受け継がれた。

斬首されども、最期まで大和魂は忘れず

師の弔い合戦――これこそが、長州藩内に一大勢力を持った、弟子たちによる、まさに倒幕の一大事業となり、松陰が生命《いのち》を賭して成そうとした、究極の新しい国創りという目的達成につながった。

生前、失意の底にあった幽閉時代の彼は、それでもなお己れの志を捨てず、後日を期すべく、松下村塾を開いて「人材」育成に余念がなかった。

松陰の彼らしいところは、己れと同じ環境や才能、器を、決して他人＝門人に求めなかったところであろう。

私塾を主宰しても、門人を選り好みせず、その出身階層すらも問わず、なかには、近所の魚屋の子まで来るといった、寺子屋のごとき喧騒ぶりであった。

そのうえで松陰は、これら門人を「同学」と呼び親しみ、天下の一廉《ひとかど》の人物のごとくに取り扱った。塾生たちの長所を見出すことに情熱を傾け、本人の気付かぬ美点を的確に指摘した。

加えて、松陰にかかると、年端もいかぬ塾生たちが、まるで三国志や水滸伝《すいこでん》に登場する英雄・豪傑にでもなったような、錯覚をおぼえ、知らずしらずに感情が昂揚してくるのである。

おそらく、彼らにとっては、文明の衝撃《カルチャーショック》に近い感激であったろう。

たとえば、高杉晋作《たかすぎしんさく》――のちに「奇兵隊」を率いて、長州藩の藩論を倒幕に向けたこの革命児は、傍目には飲んだくれの暴れ者、放蕩児《ほうとうじ》として厄介視されていた。

しかし松陰は、高杉の短所に目を向けることなく、

「君には政治・軍事の才がある」

吉田松陰（1830 〜 1859 年）

と長所を持ち上げ、秀才の系譜としては松陰によく似た、久坂玄瑞《くさかげんずい》（禁門の変で戦死）と並び称するほどに、高く評価した。

　のちに、初代の内閣総理大臣となる伊藤博文《ひろぶみ》や明治門閥の首領《ドン》となる山縣《やまがた》有朋《ありとも》も、足軽《あしがる》以下の軽格ながら、松陰のおだてに乗り、その門人ということで、維新期、大いに引き上げられた。

　たとえ、己れ一人が人生の勝負に敗北しても、それが完敗とはならない。

　あとにつづく者の有無だ、という松陰の言葉は、「人材」育成の意義を考えるうえでも、興味の尽きないものがある。

　それにしても短すぎた、彼の生涯が残念でならない。

井伊直弼

一切を〝平常心〟の中に包み込んだ幕末の大老

東海道新幹線で、東京から約二時間十分、「米原《まいばら》」で乗りかえて在来線で一駅行けば、彦根《ひこね》の旧城下町がそこに広がっている。

白亜三層の天守をもつ近江《おうみ》彦根城は、播州《ばんしゅう》姫路城、尾張《おわり》犬山城、信州《しんしゅう》松本城、さらには出雲《いずも》松江城とならんで、〝国宝の五城〟に数えられる雄大な城である。

かたわらの玄宮園《げんきゅうえん》・楽々園《らくらくえん》も、中国・唐《とう》の玄宗《げんそう》皇帝もかくやと思うような、優雅な風情。彦根城博物館も、さすがに徳川幕府譜代筆頭の、井伊《いい》家伝来の展示物に、時を忘れる思いがする。

だが、その主《あるじ》（十三代藩主）であった井伊直弼《なおすけ》は、彦根城佐和口《さわぐち》外の「埋木舎《うもれぎのや》」で、意外にも不遇の青少年時代を過ごしていた。

なにしろ、十一代藩主・直中《なおなか》の十四男に生まれた直弼には、「世の中をよそに見つつ」ひっそりと生きるしか、己れの生き方は、思い浮かばなかったに違いない。

まさかその身が、藩主の座につき、さらには幕府最高の役職＝大老《たいろう》――臨時ながら、老《ろう》中《じゅう》の上席――になろうとは、想像することもできなかったであろう。

それが身内の不幸、兄たちの他家への養子入りで、気がつけば十三代藩主に――。

そのうえ直弼は、幕末期の黒船来航にはじまる、多難な政局の中で、幕府の大老に就任した。安政《あんせい》五年（一八五八）四月のことである。

彼は幕勢回復のため、反幕派の公家・藩主・諸藩の士、浪士などに大弾圧を行った。

これを後世では、〝安政の大獄《たいごく》〟と呼び、人々は直弼を「彦根の赤鬼」（井伊の赤鬼）と呼んで憎み、そして畏怖《いふ》した。

このおりの、直弼本人の、精神状態はどのようであったのか、筆者は気になって調べたことがある。ところが、不思議と彼には、苦しみ、おそれ、不安といった精神反応《ストレス》や症候群の形跡がなかった。それどころか、直弼は激務のかたわらで、〝宗観《そうかん》〟と号し、〝茶の湯〟に没入、『茶湯一会集《ちゃのゆいちえしゅう》』なる著書まで、ものにしていた。

その冒頭で彼は、次のように述べている。

「抑《そもそも》、茶湯の交会《こうかい》は、一期《いちご》一会《いちえ》といひて、たとへハ幾度おなし主客交会《しゅかくきょうかい》するとも、今日の会にふたたひ（再び）かへらさる事を思へハ、実ニ我一世《わがいっせ》一度《いちど》の会也《なり》。去るニより、主人は万事ニ心を配り、聊《いささか》も麁末《そまつ》なきよう深切《しんせつ》実意を尽《つく》し、客ニも此《この》会ニ又逢《またあ》ひかたき事を弁《わきま》へ、亭主の趣向、何壱《ひと》つもおろかならぬを感心し、実意を以《もっ》て交るへき也」

〝茶の湯〟には、緊張した現実から心を解き放つ、作用があるとされている。
――筆者はここに、「彦根の赤鬼」の強靭《きょうじん》さの秘密を垣間みた思いがした。

運命と悟り、受け入れた境地

この人物は、決して愚鈍ではなかった。否、居合《いあい》も達人の域。武士として、剣禅一如《けんぜんいちにょ》の悟りを胸中にもっていた。茶道、武道に加え、歌道も実に巧みであり、

梓弓《あずさゆみ》かけ渡したる一筋の
　矢たけ心ぞ武士《もののふ》の常

との歌は、その代表的なものとしてよく挙げられている。が、筆者は別の、

春浅み野中《のなか》の清水氷《こお》り居《い》て
　底の心を汲《く》む人ぞなき

と、直弼が詠んだもののほうに注目する。

凍結しているのは、表面だけだ、と彼はいう。その下には、温暖の泉が滾々《こんこん》と湧き出ているのだが、人はそれを汲み取ってはくれない。しかし自分は、国政の首位《トップ》として、愚痴ることは許されない。一切を〝平常心〟の中に包み込むのだ。

直弼は安政五年（一八五八）六月の、アメリカ駐日総領事タウンゼント・ハリスを相手にしての、日米修好通商条約の調印を先導《リード》し、一橋慶喜《ひとつばしよしのぶ》（水戸藩主・徳川斉昭《なりあき》の七男で、一橋徳川家を継ぎ、のち十五代将軍となる）を擁立する政治勢力＝一橋派を抑えて、同月、十三代将軍家定《いえさだ》の継嗣《けいし》を、紀州藩主・徳川慶福《よしとみ》（のち十四代将軍家茂《いえもち》）に決定。

さらには、前出の秋霜烈日《しゅうそうれつじつ》なる〝安政の大獄〟を断行——吉田松陰や橋本左内《さない》の処刑といった〝非常〟（非情）を、つとめて〝平常心〟で行おうとした。

皮肉にも直弼は、本来、攘夷論者であった。が、時代はこの人物をして日本の開国を決断させる。直弼はこれを、己れの運命として迎え入れていたのだろう。

その彼の最期《さいご》は、安政七年三月三日に訪れた。

外桜田の彦根藩上屋敷（現・東京都千代田区永田町）より、江戸城に向かう途中で、直弼は暗殺された。〝桜田門外の変〟である。

実は藩邸出発前、直弼自身は浪士たちの襲撃を、その日の朝に投函された書状で知っていた。しかし、彼は常の如くに藩邸を出た。

その日、彦根藩の側役《そばやく》兼公用人《こうようにん》の宇津木左近《うつぎさこん》は、主君の行列を見送った直後に、直弼の居間で開封された書状を発見している。

そこには水戸脱藩の浪士どもが、大老襲撃を計画していることが告げられており、十分に身辺を警護するように、との忠告が認《したた》められていた。

「しまった」

宇津木が一読して仰天した時、すべては終わっていた。

井伊直弼（1815～1860年）

直弼は、「なるようになる」と、己れの運命を受け入れていたのだろう。享年は四十六であった。

彼は実に潔かったが、幕府はその死によって致命的欠陥＝すでに幕府に日本を運営する能力のないことを、世に晒《さら》すことになってしまった。

直弼はこのことを、草葉の陰（あの世）でどのように思っただろうか。

“維新回天”を目前にしながら病に倒れた
高杉晋作

高杉晋作《たかすぎしんさく》といえば、師の吉田松陰《よしだしょういん》をして、「久坂《くさか》（玄瑞《げんずい》）の学問、高杉の識見、それぞれにおいて天下第一の人物なり」と、評させたほどの逸材であった。

天保《てんぽう》十年（一八三九）八月二十日、長州《ちょうしゅう》藩毛利家三十六万九千石の城下町・萩《はぎ》（現・山口県萩市）に生まれた高杉は、下級士族出身者の多い幕末志士の中では、異数の高禄の、上士の家の長男に生まれている。

父は大組《おおぐみ》（藩主直属の上級武士）で、禄高百五十石取り。高杉は幼年期、小柄で体力にも恵まれず、それでいて気だけが強い、といった子供であったようだ。

十四歳で藩校の「明倫館《めいりんかん》」に学んだものの、学問はそっちのけで剣術に打ち込んだ、と記録にある。

もし、彼が松陰に出会わなければ、おそらく後世に名を残すこと、ましてや轟《とどろ》かすことはなかったに違いない。

十九歳で松陰の松下村塾《しょうかそんじゅく》に入門した高杉は、師の強烈な個性に触れ、学問の目的が知識の吸収や出世の手段ではなく、天下国家を救うためのものだ、という根本を学ぶ。

やがて彼は、久坂や前原一誠《まえばらいっせい》・伊藤利輔《いとうりすけ》（のち博文《ひろぶみ》）ら松下村塾の塾生と交わりながら、〝安政《あんせい》の大獄《たいごく》〟――師の処刑に遭遇する。

攘夷行動派の人となった高杉は、文久《ぶんきゅう》二年（一八六二）に訪れた上海《シャンハイ》で、欧米列強の実力を目《ま》の当たりにして愕然《がくぜん》となり、上海の英仏の租界《そかい》を知り、中国の土地でありながら、欧米人が主人として振る舞う様に慄然《りつぜん》となった。

結局、日本を欧米列強から守るには、富国強兵策より取るべき道のないことを肝に銘《めい》じた彼は、方向を転換。長州一国の割拠を主張する。

しかし、高杉は一介の書生にすぎない。

その彼が考え出した手法は、自分が率先して仲間と攘夷を実行し、一藩ことごとくを狂奔させようというものだった。

高杉は「御楯組《みたてぐみ》」（総勢三十名たらず）を結成、品川御殿山《ごてんやま》（現・東京都品川区）のイギリス公使館を焼き討ちし、天誅《てんちゅう》を実行した。

やがて、藩をあげての攘夷を決行――長州沖合いの米・仏・蘭の商船を砲撃したことから、イギリスを加えた下関《しものせき》戦争（馬関《ばかん》戦争、四ヵ国戦争）に発展。その過程で、藩の正規軍がほとんど戦場では、役に立たないことが露見《ろけん》する。

文久三年六月、高杉は庶民でも商人でも、戦う勇気のある者を集めた「奇兵隊」を誕生させる。

彼は四ヵ国との講和交渉に、藩を代表して臨み、賠償は幕府へ振り、イギリスの彦島租借《ひこしまそしゃく》をも勇弁をもって阻止した。が、藩の実権は保守派に握られ、高杉は亡命を余儀なくされる。

もし、このまま彼が、逃亡しつつ形勢を観望しつづけていたならば、明治維新は大いに遅れていたに相違ない。

奇兵隊誕生も休むことなく

元治《げんじ》元年（一八六四）十二月十五日、高杉は無謀にも武装決起に踏み切った。

「動けば雷電の如く、発すれば風雨の如し」

と、のちに伊藤が碑文に書いた、高杉の短い生涯を煎じ詰めたような行動が始まる。

下関奉行所の襲撃にはじまり、三田尻《みたじり》海軍局を奇襲。経済的な拠点を押さえ、彼は萩に迫り、決戦のすえに藩庁を占拠することに成功する。

高杉のおかしさは、このあと自らは萩にとどまって藩政に参画することなく、藩庁に願い出て、ヨーロッパ渡航の許可を得ると、藩から千両の渡航費を受け取って、長崎に出てしまったことであろう。

この洋行は結局、実現せず、英国商人グラバーの勧めで、高杉は馬関（現・山口県下関市）の開港に取りかかったのだが、長州藩の大勢は、これを彼の変節と受け取る。藩内に暗殺組織ができたことを知った高杉は、馬関から四国へ脱出することにした。

このとき、彼が逃避行の資金としたのが、先に藩から預かっていた洋行費用の千両であった。ずいぶん乱暴な話だが、さらに横紙破りな高杉は、それまでに馴染みとなっていた、おうのという芸妓を落籍《らくせき》して、同行させたことであろう。

一面、風流を好む遊蕩児《ゆうとうじ》であった彼は、

〝三千世界の烏《からす》を殺し　主《ぬし》と朝寝がしてみたい〟

即興の端唄《はうた》を口ずさみ、三味線をひきながら逃避行をしている。

そうかと思うと、その後、第二次長州征伐が起きるや、高杉は颯爽《さっそう》と海軍総督に復帰。夜襲をしかけて、みごと幕府艦隊を破っている。

しかし、無理と放蕩がたたった彼は、その後、結核を悪化させてしまい、病床に伏すことが多くなった。

慶応《けいおう》三年（一八六七）四月十四日、高杉は同志やおうのに看取られながら、死の床にあって、

高杉晋作（1839～1867年）

〝おもしろきこともなき世をおもしろく〟

辞世の句をここまで書き、これに野村望東尼《もとに》が、

〝住みなすものは心なりけり〟

と続けると、

「おもしろいのォ」

そう呟いて、息をひきとった。

大政奉還の半年前、二十九歳の波乱に富んだ短い生涯であった。

高杉は西郷隆盛《さいごうたかもり》や勝海舟《かつかいしゅう》、大久保《おおくぼ》利通《としみち》、木戸《きど》孝允《たかよし》のような、回天の実際には携わらなかったが、歴史の転換期を確実に、一つ段階を進ませたという点で、幕末維新史が持ちえた英傑であったことに間違いはない。

坂本龍馬

誰からも理解されずに逝った国民的英雄

歴史上の人物を扱う場合に、大切なことは、その人が何をしたかを問うのではなく、何をしようとしたか、を論証することであろう。

たとえば維新前夜に暗殺された国民的英雄・坂本龍馬《さかもとりょうま》は、歴史の舞台にわずか五年しか登場していない。

そのため空白期を創作で埋めつくされた龍馬像が独り歩きし、それを払拭《ふっしょく》しつつ結果＝何を成し遂げたのか、でこの人物を語ると、薩長《さっちょう》同盟を仲介したこと、大政奉還を献策したこと、という二つの評価に集約される。

ところが近年の研究成果では、こうした虚構は次々とはぎとられ、肝心の薩長同盟の仲介にしても、一番熱心であった仲介者は、同じ土佐脱藩の郷士・中岡慎太郎《なかおかしんたろう》ということになってきた。

また、同盟締結の最大の立役者は、といえば、成否の決定権を〝国父《こくふ》〟島津久光《ひさみつ》より委譲されていた、薩摩藩家老の小松帯刀《たてわき》であることが明らかとなった。

ちなみにこの小松は、日本最初の新婚旅行に龍馬とその妻・お龍《りょう》がいった、と喧伝《けんでん》されている霧島に、それより十年早く新婚旅行にいった人物でもある。

否、龍馬の霧島入りは湯治《とうじ》（病気や怪我を治すための治療）であり、そもそも新婚旅行ではなかった。

また、龍馬による「船中八策」、「新政府綱領」――平和的大政奉還とそれによる国家運営のプラン――これこそは、と思いきや、そのことごとくが幕臣・大久保忠寛《ただひろ》（のち一《いち》翁《おう》）が初出であり、越前《えちぜん》福井藩主・松平慶永《よしなが》（号して春嶽《しゅんがく》）や龍馬の師である佐久間象《しょう》山《ざん》、ついで師と仰いだ幕臣・勝義邦《かつよしくに》（号して海舟《かいしゅう》）、あの友人の横井小楠《しょうなん》から教わったものであり、龍馬の独創的《オリジナル》といえるものではなかった。

成し遂げたことを基準に検証すると、龍馬は伝えられるほとんどを、達成していなかったことになる（そのため高等学校の歴史の教科書から、消えるはずであったのだが、小説の竜馬ファンが陳情して……）。

――では、史実の龍馬はそれだけの人物であったのだろうか。

筆者はそんなことはない、と考えてきた。

彼が本当に目指したものは、薩長同盟を中心とした討幕勢力による新政府とも、徳川家＝旧幕府を中心とした公武合体の政府とも異なった、第三の〝極〟――当時、圧倒的多数で存在した中小藩や庶民の意思を代弁する、加えてその象徴としての、私設海軍の建設を目指していたのではないか。

龍馬の手になる亀山社中《かめやましゃちゅう》、のちの土佐海援隊は、その通過点であり、彼が心底で目指していたのは、新政府の平衡《バランス》を取るべき、第三勢力を結集し、その〝力〟によって主導権《イニシアティブ》を自ら取ることではなかったのだろうか。

のちの「五箇条の御誓文《ごせいもん》」にいう、「広く会議を興《おこ》し、万機公論に決すべし」の実践であった。

大きな行動力と伝わらない野望

討幕主力の薩長二藩と、それまで二百六十余年も政府を維持してきた旧幕府の間に立ち、新生日本のバランスを中庸《ちゅうよう》（心構えにいきすぎや不足のない）にとることを考えたのが、坂本龍馬という歴史上の人物であった、と筆者は考えてきた。

圧倒的な〝力〟をもつ二大勢力に対して、異議申し立てをするためには、相手にこちらの話を聞かせるだけの〝力〟が必要であり、龍馬はそれを貿易による利益によって生み出される、私設海軍に担わせるつもりでいたのではないか。

自らが所有する私設海軍に、中小の諸藩が資本参加することによって、各々にも発言権を持たせ、創造される私設海軍の艦船を発言力に変え、龍馬は明治維新の実を明らかにしていく算段ではなかったか。

この難しい舵《かじ》取りを、あえて成そうとしたからこそ、彼には不鮮明な像が幾つも現れ、ついには三十三歳で暗殺され、今なお複数の犯人・黒幕説を持っているのだ、と筆者は推論してきた。

思うのだが、結局、坂本龍馬という人物は、同時代の知己《ちき》にはまったくといっていいほど、理解されることのなかった、本当に孤独な人ではなかったろうか。

英雄龍馬は、土佐という藩国家の、枠《わく》に入りきらなかった、と語られつづけてきた。かつまた、薩長両藩にも居場所がなく、天性の自由人として生きた、などと無責任にいう人もいる。

薩長同盟締結までの動向をみていくと、このような考え方も成り立たなくはない。けれども、暗殺直前――大政奉還後の龍馬には、二十一世紀の今日になっても、いくつかの不可解な行動や逸話が残っている。

創作《フィクション》の上に構築された虚構の龍馬像には、語り落とされた龍馬の素顔は残されていない。誰からも真に理解されず、幕末維新最大の山場＝王政復古の大号令に立ち会えなかった彼の無念さは、いかばかりであったろうか。

われわれは、無条件に龍馬を英雄として祀り上げるのではなく、孤独地獄の中でそれでもなお、楽天的に振る舞いつづけた龍馬の心中にあるものを、直視しなければならないのではあるまいか。

——近代日本の出発にあたって、龍馬ほど悲しい存在はなかった。存命中にも理解されず、死後も正しく評価されることなく今日にいたっている。その妻すら、ついに国家の庇護《ひご》を受けることもなく寂しく死んでいった。

龍馬本人は時代の流れの中で、都合のいい鋳型《いがた》にはめられ——無論、当人の意志とはかかわりなく——度々、復活させられている。

まるで、七変化のように。残念でならない。

坂本龍馬（1835～1867年）

幕府最後の切り札といわれながら梯子《はしご》を外された
小栗上野介忠順

幕末維新における幕臣・小栗上野介忠順《おぐりこうずけのすけただまさ》の存在は、奇跡的ですらあった。

「直参旗本《じきさんはたもと》はいざ鎌倉――幕府の危機に、何の役にも立たなかったではないか」

よく耳にする、批判である。

けれども、冷静に考えればこの論法は、無理難題というものであったろう。

なにしろ幕藩体制は、〝無事泰平〟であること、事なかれ主義に徹することをもって、武士教育の根幹となしてきた、といえるからだ。

なまじ優秀な人物が出ると、その反動で次の代には、減俸かお家断絶の事態が起きぬともかぎらなかった。

「お家大事――」

これを約二百五十年つづければ、その中から〝気骨ある侍〟が、幕臣の中から現れるほうがあり得まい。

確かに、幕末の動乱期、綺羅星《きらぼし》のごとく英雄・豪傑は登場したが、その多くは身分制度を超えての〝下剋上《げこくじょう》〟であった。

幕臣の場合――勝海舟《かつかいしゅう》の曾祖父は越後《えちご》の盲人按摩《あんま》であり、榎本武揚《えのもとたけあき》の父ももとは町人であった。だからこそ、彼らは幕府や武士に、強烈な憧憬をもつことができたともいえる。

――ところが、ひとり小栗上野介忠順だけは、違っていた。

初代・松平隼人正《はやとのしょう》から出発《スタート》して、二代・吉忠《よしただ》のおりに母方の小栗姓を称したこの家系は、次代の忠政《ただまさ》が徳川家康の許《もと》で大活躍。合戦で最も生還率の低い〝一番槍〟を、幾度も達成した。

「またもや、一番槍か……」

そうした人々の感嘆から、家康によって〝又一《またいち》〟の呼び名を贈られている。

忠順がその子孫として生まれたのは、文政《ぶんせい》十年（一八二七）六月二十三日――屋敷は神田駿河台、禄高は二千五百石というから、歴々の旗本であった。

幼名を剛太郎、通称は先祖代々の又一。父の忠高《ただたか》は養子であったが、新潟奉行をつとめた英才であった。

忠順は幼くして、安積艮斎《あさかごんさい》の塾で漢学の手解《てほど》きを受け、率先して剣術・柔術・砲術も修め、父の死去にともなって家督を相続した。安政《あんせい》二年（一八五五）、二十九歳のときである。

三十三歳で大老・井伊直弼《いいなおすけ》の抜擢を受け、「目付《めつけ》」として遣米使節団に参加、日米修好通商条約の批准書交換を采配した。忠順は「一行中、最も敏腕で最も実際的な人物」とアメリカ人に絶賛されている。

訪米中、ひき立ててくれた井伊大老が暗殺されたものの、忠順は彼の中に脈々と流れる〝三河武士〟の血を絶賛し、支援してくれる人々のおかげで、順調に出世していく。

万延《まんえん》元年（一八六〇）九月に、外国奉行として幕閣の一角を占めた忠順は、以後、罷免と抜擢を繰り返しつつ、八年にわたって国政を担当することになる。

敢えて不可能の言葉を吐きたることなく

慶応《けいおう》二年（一八六六）八月には勘定奉行兼海軍奉行という、事実上の幕閣最高実力者となった（ほどなく、陸軍もその支配下に入る）。

この間、幕府は尊王攘夷の強風に煽《あお》られ、瓦解《がかい》への道をひた走っていた。

「一言を以《もっ》て国を亡ぼすべきものありや。どうかなろうと云《い》ふ一言、これなり」

と、忠順はいう。

事なかれ主義、彌縫策《びほうさく》に終始する幕閣の大勢を向こうにまわし、彼は幕府権力の再生に躍起となった。

フランスに倣《なら》う郡県制度を布くべく、無能な幕臣には兵賦を金納に改め、役料を廃止。役金支給への大鉈《なた》をふるい、一方では陸海軍強化のため、フランスとの提唱を促進した。

また、フランスが世界に誇るツーロン製鉄所の三分の二、東洋一の横須賀製鉄所（造船所も含む）の建設にも着手している。

だが、フランス本国の情勢がここに来て、一変。借款《しゃっかん》は不可能となり、そこへ鳥羽《とば》・伏《ふし》見《み》の戦いが重なった。

この戦いを決断しながら、江戸に逃げ帰った十五代将軍・徳川慶喜《よしのぶ》を、忠順は懸命に説得する。

薩長両藩にまさるフランス式陸軍歩兵と近代幕府海軍をもって、反転攻勢を主張したのだが、ついに慶喜はこれを遮った。

慶応四年二月末、忠順は失意のまま江戸を離れ、采配地の上野国群馬郡権田《ごんだ》村《むら》（現・群馬県高崎市倉渕町権田）に帰農する。

ここで治安保持のため、農兵を編成したところ、閏《うるう》四月に新政府の東山道鎮撫軍が進攻して来て、恭順《きょうじゅん》（つつしんで服従）したにもかかわらず、養子・又一をはじめ六人の家臣とともに、忠順は烏川《からすがわ》の河原において斬首に処せられてしまう。享年、四十二歳。

忠順の部下でもあった福地《ふくち》源一郎《げんいちろう》（のち号して桜痴《おうち》）は、次のように述べている。

「小栗が財政外交の要地に立ちし頃は、幕府すでに衰亡に瀕《ひん》し、大勢《たいせい》がまさに傾ける際な

小栗上野介忠順（1827～1868年）

れば、十百の小栗ありといえども、また如何ともなすべからざる時勢なり。

　しかれども、小栗は敢《あ》えて不可能《インポシブル》の言葉を吐きたることなく、病いの癒《い》ゆるべからざるを知りて薬せざるは孝子《こうし》の所為にあらず、国亡び身たおるるまでは公事に鞅掌《おうしょう》（忙しく働く）するこそ、真の武士なりといいて、屈せず撓《たわ》まず、身を艱難《かんなん》のあいだにおき、幕府の維持をもって進み、それを己《おのれ》の負担とせり。

　すくなくも幕末数年間の命脈を繋《つな》ぎ得たるは、忠順があずかって力あるところなり」（『幕末政治家』）

一人の英傑の、揺《ゆ》るがぬ生き方が、ここにあった。

近藤勇

切腹さえも許されなかった新撰組局長

天然理心流《てんねんりしん》四代宗家・近藤勇 昌宜《いさみまさよし》は、もとは農民であった。通称は勝五郎――。

天保《てんぽう》五年（一八三四）十月九日、武蔵国多摩郡上石原村《かみいしはら》（現・東京都調布市野水）に、実父・宮川久次郎《きゅうじろう》と母・栄の三男として生まれている。

武州《ぶしゅう》は天領（幕府直轄地）であり、年貢の取り立てがやかましくなく、暮らしむきは楽であった。そのため、お上をうやまう気持ちがこの地方では強く、近藤勇や土方歳三《ひじかたとしぞう》のように、幕府を守ろうとする思いにつながったようだ。

勝五郎が天然理心流の修行をはじめたのは、嘉永《かえい》元年（一八四八）のこと。ときに彼は、十五歳であった。

勝五郎は、よほどの剣の才にめぐまれていたようだ。翌年六月には、はやくも目録を授けられ、その剣名は近郷近在に鳴りひびいたという。

この十六歳の頃、後年の彼を彷彿《ほうふつ》とさせるような挿話が生まれている。

数人の強盗が、父・久次郎の留守をねらって宮川家に押し入ったのである。

これに気づいた次兄の粂次郎は、家にあった真剣を抜いて、賊たちに飛びかかろうとした。すると勝五郎は、これをおもむろに（静かに）止めている。

「賊は押し入った当初は、気の立っているもの。それよりも彼らが品物をまとめて、立ち去るところを狙うべきです。押し込みに成功して、早く逃げようと焦っているから、その心の隙に乗ずることこそ、剣の極意でしょう」

勝五郎と兄は、強盗の引き揚げるのを忍耐強く待ち、強盗が外へ出た瞬間、「待て」と一喝。賊の一人を背後から、斬って捨てた。

勝五郎らの不意の出現と奇襲攻撃に驚いた賊たちは、慌《あわ》てて逃げ去ったという。

この機転の利いた行動に、師の近藤周助《こんどうしゅうすけ》は感心し、

「わが流儀の四代目を継ぐのは、勝五郎をおいてほかにはない」

と惚れこみ、自らの養子に迎えたという。

このとき、「近藤勇」が誕生した。

文久三年《ぶんきゅう》（一八六三）二月、尊王攘夷派の巨魁《きょかい》・清河八郎《きよかわはちろう》の献策により、幕府公認の「浪士組《ろうしぐみ》」が結成されることに。道場の食客《しょっかく》・藤堂平助《とうどうへいすけ》がこのことを聞きこみ（別人の説あり）、近藤は浪士組のことを知る。

「待ち望んでいた機会だ」

と、近藤は参加を決意し、天然理心流の門下生たちにも呼びかけた。

同年二月八日、「浪士組」は江戸の伝通院《でんづういん》を出発。中山道《なかせんどう》を通って二月二十三日、京都に到着した。

その後、清河の豹変もあり、大半の浪士たちが帰東する中で、芹沢鴨《せりざわかも》や近藤ら京都残留者二十二人と現地加入の二人を加えて、三月十二日、会津藩「御預《おあずかり》」の「壬生《みぶ》浪士組」が誕生する。

隊規違反は粛正し、切腹を命ず

れっきとした武家である京都守護職・松平肥後守《ひごのかみ》（会津《あいづ》藩主・松平容保《かたもり》）の保護をうけ、近藤らは本物の武士に格付けされた。

が、筆頭局長の芹沢は傍若無人の振る舞いを反省しない。

そこで近藤は、同年九月十八日（別日説あり）、芹沢を暗殺し、新撰（選）組を再編。その局長に君臨する。

元治《げんじ》元年（一八六四）六月五日、池田屋に尊攘過激派の志士たちを襲撃し、新撰組の名は一躍、京洛に谺《こだま》した。

近藤は新撰組の隊士に、武術を体得させるため、真剣をつかった稽古をさせたとも伝えられている。

さらには、隊規に違犯する者は「士道、不覚悟」を理由に、つぎつぎと粛清し、切腹を命じていった。

また一方で〝斬捨御免《きりすてごめん》〟の非常時警察権を与えられた彼らは、徳川幕府に仇《あだ》なす勢力に対して、用意周到に、いかなる陰険な手段を講じても倒す、との異常な執念を燃やした。

慶応《けいおう》三年（一八六七）十一月十五日、土佐脱藩の坂本龍馬《さかもとりょうま》と中岡慎太郎《なかおかしんたろう》が暗殺された際、近藤ら新撰組に容疑が掛けられたが、彼らは無関係であったようだ。

近藤が荷担したのは、その三日後の離反者・伊東甲子太郎《いとうかしたろう》の暗殺、その一味「高台寺党《こうだいじとう》」の粛清であった。

同年十二月十八日、近藤が伏見街道で狙撃されるという事件が起こった。これは高台寺党の残党によるものであった。近藤はこの時の傷が原因で、鳥羽《とば》・伏見《ふしみ》の戦いに不参加となる。

江戸に引き揚げた後、近藤は甲陽鎮撫隊《こうようちんぶたい》を指揮したが、甲州勝沼《かつぬま》（現・山梨県甲州市）で敗走。このおりの敗因は、近藤が鳥羽・伏見の近代戦を経験していなかったことが大きかった。

その後、下総流山《ながれやま》（現・千葉県流山市）にて官軍に投降し、慶応四年四月二十五日、近藤は板橋の庚申塚《こうしんづか》の刑場で斬首に処せられる。

本来ならば、彼には名誉を慮って切腹の処置がとられてしかるべきであったろう。

だが、龍馬と中岡を殺したのは、あくまで新撰組とする土佐藩士の谷干城《たにたてき》、同藩系の香《か》川敬三《がわけいぞう》たちは、切腹を許さなかった。

斬られた首は三日間、現地で晒《さら》され、塩漬けにされて京都へ送られている。三条橋の南河原に三日間、晒《さら》されたが、西本願寺の寺侍《てらざむらい》・西村兼文《かねふみ》の記憶では大坂千日前に晒されたとも、別に京都粟田口《あわたぐち》の刑場に投じられたとも。

一世を風靡《ふうび》した新撰組局長は、三十五歳で永眠した。

近藤は幕末という乱世が生んだ、下剋上の産物であったろう。

京都にのぼってからは、ひたすら公武合体の尊王攘夷を主張したが、時勢に頑《かたく》なでありすぎた。若死にしたのが、やはり残念でならない。

近藤勇（1834～1868年）

新撰組そのものだった副長

土方歳三

幕末動乱の京都にあって、余命いくばくもない徳川幕府を守り、勤王志士と対峙した新撰（選）組――この鉄の規律の警察組織を、実質上、創りあげ、動かしていたのが、副長の土方歳三《ひじかたとしぞう》であった。

彼は士農工商の身分制度の中で、かなり屈折した無名時代をおくっていた。天保《てんぽう》六年（一八三五）、武州《ぶしゅう》多摩郡石田村（現・東京都日野市石田）の農民の子として、後年の土方歳三こと「トシ」は生まれている。

「トシ」は幼い頃から、武士にあこがれていたようだ。これは武州が天領（幕府直轄地）であったことと無縁ではなかったろう。

口伝によれば、「トシ」は弘化《こうか》二年（一八四五）に現在の東京都台東区上野にあった「いとう松坂屋」＝呉服店（現・松坂屋百貨店上野店の前身）に、丁稚《でっち》奉公に出されている。もっとも、些細なことで番頭と衝突し、生家へ舞い戻った。

十七歳のおり、大伝馬町《おおでんま》の商家へ二度目の奉公にあがったものの、店の女子店員と懇《ねんご》ろになり、それがもとでクビに。

「トシ」は石田村に戻ると、家伝の「石田散薬」（骨折・打ち身の薬）を行商するように、と兄に命ぜられて諸国を徘徊《はいかい》する。

「トシ」のおかしさは、身分は農民、生業《なりわい》は行商人でありながら、生まれつき臆する心の薄い性質《たち》とみえて、二度目の帰郷の年、髷《まげ》を武士風に似せ、田舎剣法・天然理《てんねんり》心《しん》流の剣術修行に通い始めたことであろう。

他領内では無論、このようなことは許されない。

けれども、武州ではお目溢《こぼ》しがあった。「トシ」の剣の師・近藤周助《こんどうしゅうすけ》は、すでに七十を数えた老人であったが、豪農家の三男を養子とし、代稽古をまかせていた。

この養子こそが、のちに新撰組の局長となる一歳年長の近藤勇《こんどういさみ》であった。

「トシ」と近藤は、ともに武士に憧れる義兄弟のようなものであったといえる。

幸いにして、時代は動乱の幕末を迎えていた。

ペリー来航を端緒とする世情不安は、幕府の最高権力者である大老《たいろう》・井伊直弼《なおすけ》の暗殺にまで発展。幕藩体制は大きく動揺し、身分制の箍《たが》が緩《ゆる》みつつあった。

実力次第で、立身出世できる〝下剋上〟の時代が、到来していたのである。

混迷の度合いを深める社会の、秩序回復に幕府が期待したのは、腕に覚えのある剣士たちであった。

文久二年《ぶんきゅう》（一八六二）十二月、北辰一刀流《ほくしんいっとう》出身の清河八郎《きよかわはちろう》の献策によって、幕府公認の「浪士組《ろうしぐみ》」が結成される運びとなる。「トシ」は天然理心流の近藤門下の若者にも呼びかけ、むろん、自身も参加した。上京の時点で、「トシ」はついに「土方歳三」と公に名乗ることのできる武士になった。

最期の最期まで官軍と死闘

歳三は浪士組に参加するにあたり、和泉守兼定《いずみのかみかねさだ》という名代の大業物《おおわざもの》を購入している。武士となれた喜びと見栄であり、行く手に待つ実戦、死闘のためでもあった。

翌文久三年二月二十三日、歳三ら一行を含む三百人の浪士組は、京の西郊・壬生《みぶ》に到着している。ときに、歳三は二十七歳。彼らは一様に平隊士であった。

のち、新撰組の初代局長として重きをなす、水戸脱藩浪士・芹沢鴨《せりざわかも》は、すでにこの時点で頭角を現していた。

ところが首謀の清河が、ことここに至って俄《にわか》に、攘夷決行を唱え、朝廷方へ寝返ることを公言する。

このおり、再び選択を迫られた歳三たちは、残留して新撰組結成へ動いた。

京都守護職の会津《あいづ》藩主・松平容保《かたもり》へ新党結成を願い出、歳三は自ら副長となって、隊の実務を掌握する。

当初、芹沢一派と「呉越同舟《ごえつどうしゅう》」であったが、歳三は罪ある者、怯懦《きょうだ》の者、隊法を乱して隊の名を冒瀆《ぼうとく》した者＝士道に悖《もと》る者はすべて「士道不覚悟《ふかくご》」の罪状のもと、斬罪あるいは切腹という破天荒の鉄の規律を定めた。

これによって芹沢一派を大粛清し、歳三は改めて、近藤を一人局長に立て、己れの描く鮮烈な、武士集団による警察組織を結成する。

新撰組の粛然とした強さは、鉄の規律「局中法度《きょくちゅうはっと》」によるものであったが、それも煎《せん》じ詰めると、歳三の生まれながらの劣等感によって醸造されたもの、といえなくはなかった。

元治《げんじ》元年（一八六四）の池田屋事件をはじめ、新撰組は実によく戦っている。

慶応《けいおう》三年（一八六七）六月には、歳三は見廻組肝煎格を命ぜられ、ついには晴れて幕臣となっている。

七十俵五人扶持。

だが、ある史料によれば、新撰組は幕府に仇なす勤王志士を斬った数より、隊内における粛清や内紛によって切腹させた隊士の数のほうが、はるかに多かったとも記されている。

慶応四年正月の鳥羽《とば》・伏見《ふしみ》の戦いに敗れた歳三は、一度、帰東し、近藤が捕らえられてのちは、東北各地を転戦。榎本武揚《えのもとたけあき》麾下《きか》の旧幕府艦隊と合流し、蝦夷地《えぞち》（現・北海道）へ

土方歳三（1835 ～ 1869 年）

渡った。

旧幕勢力は一時、蝦夷を平定したものの、明治二年（一八六九）五月十一日、五稜郭《ごりょうかく》における官軍との戦いで敗れ、歳三はついに箱館郊外の一本木関門においてこの世を去った。

ときに、三十五歳であった。

佳《よ》きにせよ、悪《あ》しきにしても、武士への羨望を、ついにはひとつの男の美学——そうした型にまで高めた歳三は、今日なお、多くの支持者《ファン》を得ている。

西郷、龍馬らを引き上げた維新回天の立役者
小松帯刀

〝維新の三傑〟といえば、薩摩《さつま》藩の西郷隆盛《さいごうたかもり》・大久保利通《おおくぼとしみち》、長州《ちょうしゅう》藩の木戸孝允《きどたかよし》（前名・桂小五郎《かつらこごろう》）の三人がよく知られている。

けれども筆者は、より以上に功績をあげた人物として、「小松帯刀《こまつたてわき》」の名を挙げないわけにはいかない。

この人物の功績は、西郷・大久保を己れの部下として使い、その力量を発揮させたところにあった。

おそらく帯刀がこの世にあらねば、薩長《さっちょう》同盟も成立せず、西郷・大久保の幕末明治の活躍もなかったに違いない。

――生まれの良さが、帯刀のすべての出発点であった。

天保《てんぽう》六年（一八三五）十月十四日、彼は薩摩藩の藩主家・御一門につぐ一所持《いっしょもち》――喜入《きいれ》（現・鹿児島県鹿児島市）の領主・肝付兼善《きもつきかねよし》の三男として生まれていた。幼名を尚五郎《なおごろう》と

いう。

帯刀は体が弱かったこともあり、武より文を好んだ少年であった。歌学も修め、薩摩琵琶《びわ》の名手でもあったが、若い頃から政治にはことのほか関心が強かったようだ。

ときおり湯治《とうじ》に出かけたが、彼は湯の中で人々がする世間話で、民情を知ろうと努力したという。

帯刀が歴史の表舞台に立つには、まず安政《あんせい》三年（一八五六）、同じ身分ながら、吉利《よしとし》（現・鹿児島県日置市）の領主・小松家に養子入りすることが前提であった。

先代の小松清猷《きよもと》は、琉球使節役をつとめた薩摩藩の逸材であったが、二十八歳で病没。帯刀はその妹チカ（近）の婿養子となる。改名して、「小松帯刀清廉《きよかど》」と称す（のち、せいれんと読ませる）。

この頃、藩政は藩主・島津斉彬《なりあきら》の急死により、その異母弟の久光《ひさみつ》が〝国父《こくふ》〟として、事実上、藩政を動かしていた（久光の実子が茂久《もちひさ》、のちの忠義《ただよし》が藩主となる）。

帯刀はこの気難しい久光の側近として出世していく。

文久《ぶんきゅう》二年（一八六二）十二月には側詰《そばづめ》兼務の家老となった。ときに帯刀は、二十八歳。薩摩藩の、事実上の〝宰相〟となった彼の名声は、久光の武装上洛、寺田屋事件、生麦事件、薩英戦争を経て一躍、天下に轟いた。

「島津の小松か、小松の島津か――」

天下の志士たちが、こぞって帯刀を敬慕した。彼はまだ、二十九歳でしかない。

しかし、その多忙さは尋常ではなく、政局・外交上の主役をつとめる一方で、軍備の洋式化を推進する責任者でもあり、それを可能とするための、財政基盤の確立にも目を配らなければならなかった。

土佐脱藩の郷士・坂本龍馬と出会った帯刀は、元治《げんじ》二年（一八六五）の三月九日に、「神戸海軍操練所」が廃止されると、彼ら土佐脱藩の高度な専門技術者《テクノクラート》たちを引き取った。

どうやら帯刀は、龍馬たちの海軍技術を活用して、薩摩藩の海運・貿易業の一部にあたらせようと考えたようだ。

そのため帯刀は、肥前亀山《ひぜんかめやま》（現・長崎県長崎市）の地に彼らの宿舎を提供した。

これが「亀山社中《かめやましゃちゅう》」の誕生である。

日本人の中で、一番魅力のある人物

帯刀の協力を得て、龍馬はそれまで犬猿の仲であった薩摩藩と長州藩を、経済力で同盟させるべく、東奔西走の日々を送った。

一方、帯刀は幕府の第二次長州征伐に、真正面から薩摩藩出兵拒否を唱える。

幕府の足を引っ張りつつ、慶応《けいおう》二年（一八六六）正月二十一日、帯刀は京の自らの私邸で、薩長同盟の締結に漕《こ》ぎつける。

この三十二歳の薩摩藩宰相に、時勢は次から次へと難事を降り注いだ。

気の休まるところのなかった帯刀は、わずかに慶応元年の五月に、鹿児島へ帰国して、霧島の栄之尾《えいのお》温泉で保養している。

このおりの帰国には、西郷をはじめ龍馬とその妻・お龍《りょう》も同伴していた。

帯刀の激務はそれでもやまず、英国商人グラバーの助力をたのみ、英国公使パークスの薩摩訪問を実現。第二次長州征伐における、幕府軍の敗戦も、陰で演出しなければならなかった。

もとから体が強くない彼は、脚痛を病み、霧島硫黄谷温泉で療養したが、これはほんの気休めにしかならなかった。

慶応三年正月、帯刀は城代家老となり、いよいよ討幕への具体策を計画しはじめる。

だが、彼はついに、歩行も困難な重病に陥り、戊辰《ぼしん》戦争では国許《くにもと》に残ることとなった。

帯刀をよく知る英国外交官のアーネスト・サトウは、その印象を、次のように語っていた。

「小松は私の知っている日本人の中で、一番魅力のある人物で、家老の家柄だが、そういう階級の人間に似合わず、政治的才能があり、態度が人にすぐれ、それに友情が厚く、そんな点で人々に傑出していた」（『一外交官の見た明治維新』）

東京遷都ののち、帯刀は新政府の「玄蕃頭《げんばのかみ》」（今日の外務大臣）に進み、外交と財政を主に総裁してほしい、と新政府首脳に泣きつかれた。

しかし、彼の病状は決して好転しておらず、明治三年（一八七〇）五月、帯刀は遺言状を認《したた》め、大阪医学校のオランダ教師の「ボードゥキン」（正しくはボードウィン）に治療を受けていた大阪にて、七月二十日にこの世を去った。

死因については、諸説ある。享年、三十六。

もしも、この人物が幕末の薩摩藩にいなければ、日本は果たして明治維新を迎えられたであろうか。

小松帯刀（1835～1870年）

西郷隆盛

西南戦争に散った維新の巨星

明治維新における西郷隆盛《さいごうたかもり》の存在は、時代に隔絶《かくぜつ》していた。思想や利害得失が、複雑にからみ合う時勢に終止符を打ち、〝討幕〟という目標のもとに諸勢力を結集――。

ついには戊辰《ぼしん》戦争、江戸無血開城を自ら主導し、新政府樹立を成就した。

だが、こうした西郷の偉業も、多くは四十代のものであり、それまでの三十代、彼が奄《あま》美大島《みおおしま》や徳之島《とくのしま》、さらには沖永良部島《おきのえらぶじま》での、足かけ四年余に及ぶ生活を強いられていた事実は、存外、見落とされがちである。

安政《あんせい》五年（一八五八）十一月、西郷は勤王僧・月照《げっしょう》と相擁して、月明かりの錦江湾《きんこうわん》に入水《じゅすい》した。この時、三十二歳の西郷だけが昏睡《こんすい》状態から目醒《めざ》めた（月照の享年は四十六）。

つまり、彼は死に損なったわけだ。

――文政《ぶんせい》十年（一八二七）十二月七日に、鹿児島の甲突《こうつき》川のほとり、加治屋《かじや》町に生まれた西郷は、貧しい城下士の長男であった（下に弟妹が六人）。

十八歳のとき、現代の役場と税務署を兼ねた藩の、端役《はやく》についたが、彼は実直で仕事熱心な半面、上司に煙たがられる存在であった。

その証左に、西郷は二十八歳までまったく昇進していない。

使いものにはならない、との商標紙《レッテル》を張られた西郷を見出したのは、幕末を通じて最も英邁といわれた、薩摩《さつま》藩主・島津斉彬《しまづなりあきら》であった。

彼は西郷の上申書《じょうしんしょ》を読んでおり、人物を発掘、「庭方役《にわかたやく》」に指名する。

斉彬の非公式な秘書役となった西郷は、幕政改革を目指して十四代将軍に、一橋慶喜《ひとつばしよしのぶ》を擁立すべく主命《しゅめい》を受け、諸藩の間を周旋した。

当初は紀州藩主・徳川慶福《よしとみ》を推す一派に優越したが、一橋派で老中首座《ろうじゅうしゅざ》の阿部正弘《まさひろ》が急逝すると、反対派の彦根藩主・井伊直弼《いいなおすけ》が台頭。その井伊が大老《たいろう》に就任すると、彼は十四代将軍を慶福（改め家茂《いえもち》）に決し、反抗する者は世にいう〝安政の大獄《たいごく》〟を断行して、しめあげた。

巻き返しをはかるべく武装上洛を決断した斉彬は、直後、国許《くにもと》で急死してしまう。

主君の死を知った西郷は、一度は殉死を決意する。が、亡き斉彬のためにも責務を果たさねば、と思い直したものの、井伊の弾圧は強力で己れのみか、同志の月照も危うくなってしまう。

西郷は月照を匿《かくま》うべく薩摩を目指したが、月照は日向《ひゅうが》（現・宮崎県）の国境で、斬られることに。

主君を失い、その遺志は遂げられず、盟友への信義すら果たせない状況の中で、さしもの西郷も行き詰まり、失意の底で月照との入水死をはかった。

にもかかわらず、死にきれずに、藩の計らいで、幕府から身柄を隠すべく奄美大島へ移された西郷は、この地で生涯を終えるつもりで、島妻の愛加那《あいかな》を娶《めと》り、子をもうけ、ささやかな平穏を得た。

人間としての完成、無私でたどり着いたのは

ところが、ほどなく時勢が動く。

藩からの召還命令がくだり、活動を再開した西郷だが、斉彬にかわって藩権力を握った〝国父《こくふ》〟＝異母弟の久光《ひさみつ》とは意見が対立。その怒りにふれ、今度は徳之島、さらに沖永良部島へ、罪人としての遠島となってしまった。

そこで彼が運命に向き合えたのは、死に損なった現実があったからであろう。

あわせて、久光から切腹の追罰がいつ発せられるか、という状況が、西郷の劣悪な生活環境の中でつづいていた。

そうした苦境の中で、彼がやがて到達した悟《さと》りが、以下の名言を生む。

「命《いのち》もいらず、名もいらず、官位も金もいらぬ人は、始末《しまつ》に困るもの也《なり》。此《こ》の始末に困る人ならでは、艱難《かんなん》を共にして国家の大業は無し得られぬなり」（『南洲翁遺訓《なんしゅうおういくん》』別称あり）

西郷はこの度の流島《るとう》生活で、人間としての〝完成〟――〝無私〟、至誠を得たといえる。

西郷不在の薩摩藩は、やがて急転する時勢の中で、ついに行き詰まってしまう。

藩政の実務を担う小松帯刀《こまつたてわき》、その部下である大久保一蔵《おおくぼいちぞう》（利通《としみち》）らは、西郷嫌いの久光を説得して、ようやく西郷の復帰、再活動に漕《こ》ぎつけた。

そこへ元治《げんじ》元年（一八六四）七月、禁門の変が勃発する。京都に駐在していた西郷は、会津《あいづ》藩と結び、朝廷に鉄砲を向けた長州《ちょうしゅう》勢を迎え撃ち、これをことごとく退けた。

幕府は勢いづき二度の長州征伐を画策するが、薩摩藩はその裏で「薩長《さっちょう》同盟」を締結。慶応《けいおう》二年（一八六六）正月のことであった。

第二次長州征伐に臨んだ幕府は、まさかの敗北。大政奉還、それにつづく王政復古の大号令を受けて、鳥羽《とば》・伏見《ふしみ》の戦い、江戸無血開城を指揮したのは西郷であり、彼は戊辰《ぼしん》戦争に目処《めど》がつけば、故郷に戻り、のんびりと余生を送るつもりで考えていた。

しかし、その存在の大きさゆえに個人の希望は許されず、彼はほどなく新政府参議筆頭の座に就く。

だが、新しい明治政権は、西郷の望んだものとは明らかにちがっていた。失望した彼は、

西郷隆盛（1827～1877年）

征韓論争に破れたことから故郷へ戻る。

愛犬を従えて狩りをしながら、今度こそ余生を楽しもうとした西郷だったが、新政府への不平・不満を抱く私学校（西郷らの寄付でできた農業と陸軍演習を兼ねた学校）の参加者が決起、ついに明治十年（一八七七）正月、西南戦争が勃発した。

西郷はその大きすぎる器量ゆえに、薩軍《さつぐん》に担がれてその総帥《そうすい》となった。

けれども国家と一県の戦いである。官軍（新政府軍）に敗れた薩軍は故郷をめざし、城山《しろやま》の陥落で、西郷隆盛は自刃する。享年、五十一。

彼の死は、士族の反乱の終焉《しゅうえん》と重なり、同時に新しい明治日本が、ここから開始《スタート》したことを意味していた。

楽天主義で大失敗を乗り切るも誤解で殺された
大久保利通

人生に得《とく》な性分《しょうぶん》というものがあったとすれば、すべての物事を明るく気楽に考える〝楽天家〟こそが、得な性分だと、筆者《わたし》は思う。

逆に損な性分は、物事をなんでも深刻に受けとめる悲観論者であろう。

〝明治維新の三傑〟のうち、西郷隆盛《さいごうたかもり》と木戸孝允《きどたかよし》（長州《ちょうしゅう》藩出身）は明らかに、後者の傾向が強かった。

〝三傑〟のいま一人の大久保利通《おおくぼとしみち》は、残る肖像写真がいずれも、苦虫を嚙《か》み潰《つぶ》したような顔をして写っているものの、それは胃を病んでいたからで、心中は正真正銘の〝楽天家〟であった。

明治四年（一八七一）十一月十二日――。

横浜をあとにした岩倉具視《ともみ》（四十七歳）の使節団にあって、副使を木戸（三十九歳）らと共につとめた大久保（四十二歳）は、同じ副使のお調子者・伊藤博文《ひろぶみ》（三十一歳・長州藩出身）の口ぐるま＝アメリカが幕末の不平等条約を改正する意思がある、との当て推《ずい》量《りょう》に乗せられて、交渉に必要な天皇の委任状を、二人して日本まで取りに戻り、結果として計四ヵ月も無用な期間を費やしたあげく、失敗するという茶番――大久保にとっては、一生に一度の大失敗を演じても、彼はまあ、他に得るものもあったじゃないか、といった程度に、開き直る余裕を持っていた。

使節団は当初、回覧十二ヵ国、全日程十ヵ月半という予定を組んでいたが、この茶番劇のために、アメリカ滞在だけで二百五日、全体としては一年十ヵ月と、倍以上に日程を延長せねばならなくなってしまう。

一行はまとまらなかった不平等条約の改正交渉後、あわててアメリカからイギリスへと向かったが、予定していたビクトリア女王との会見は、期日がずれたため、女王は避暑に出かけてしまい、謁見は明治五年十一月五日に、ようやく実現の運びとなった。

日程は大幅に狂ったが、大久保はそれでも懲りていない。

見るもの聞くもの、すべて勉強になった、というのである。

その彼が、イギリスの次に訪問したのが「最も周《しゅう》備《び》した文明国」(『大久保利通関係文書』)=ヨーロッパ文明の中心地・フランス――その首都パリであった。

いままで西洋を見たことのなかった大久保だが、彼はしょせん同じ人間であるのだから、いつかは日本も欧米列強と伍《ご》するようになれるであろう、と信じて疑わなかった。

近代の技術や知識は、積極的に導入しさえすれば、やがては日本もイギリスやフランスのような、一流国家になれるに違いない、と大久保は楽観していたのだが、その彼が夕刻、杖《ステッキ》を片手にセーヌ川の畔《ほとり》を散歩していたとき、公園で〝事件〟が起きた。

突然、園内のガス灯がともされたのだが、これを見た瞬間、大久保は生涯最大の絶望に襲われる。

絶望のまま視察を続ける

なぜか。客のいるホテルの装飾電燈《シャンデリア》に、灯りがともるのは、お金を払う客がいるからである。

だが、誰もいないセーヌ川の畔に、ガス灯がともるということが、そもそも何を意味するのか、さすがに明治日本の宰相は、瞬時に理解できる頭脳をもっていた。

彼は公共の道端や公園を照らすガス灯に、「西洋文明」の根っ子にある、民主主義《デモクラシー》を思い知らされたのだ。

日本は血で血を洗うような、民主主義《デモクラシー》獲得の戦いをしては来なかった。

つまり、百年、二百年たっても、この高い文明に、日本の低い現状は追いつけまい。その日の夜、大久保は西郷（四十七歳）に手紙を書き、

「私のような年取った者は、これから先のことはとてもだめだ。もう時勢に応じられないから、引くばかりだ」

楽天家の大久保が、その信念をぐらつかせて、政界引退を考えた、数少ない体験となった。

これからの日本は、四十代の指導者では無理だから、三十代の人々に後事を託したい、とも——。

失望のまま視察はつづき、大久保たち一行は明治六年（一八七三）三月九日、プロシア（ドイツ）に到着した。

この国は、二年前に成立したばかりの、ドイツ帝国の中心地でもあった。

その新興国プロシアの、〝鉄血宰相〟ことビスマルクが、国都ベルリンで使節団一行を迎えてくれた。

三月十五日、官邸ではビスマルクの主催する招宴《しょうえん》が開かれ、その宴の閉じられたあと、ビスマルクは使節団の主要メンバーを別室へ誘《いざな》い、それまでの儀礼的な演説《スピーチ》ではない、心底からの感懐《かんかい》を口にした。

「わがプロシアは、かつて貧弱な小国であった——」

ビスマルクは、低く重々しい声で語り始める。

そして彼は、国際公法（万国公法）には限界があり、強国は自己の都合でこれを破るものだ、とも語った。

「小国がその自主の権利を守ろうとすれば、その実力を培う以外に方法はない」

ここでビスマルクが述べた「富国強兵」「殖産興業」が、その後の日本の国是となった。

大久保がビスマルクの演説を聞き、感動して、あれほど悲嘆にくれていたにもかかわらず、あっさりと立ち直って、自ら日本のビスマルクとならんことを、標榜《ひょうぼう》したからである。

大久保利通（1830 ～ 1878 年）

明治十一年五月十四日、その大久保は豪華《ゴージャス》な生活＝中傷《デマ》を信じた石川県の不平士族に、乗っていた馬車を襲撃され、暗殺されてしまう（享年、四十九）。

けれども日本はその後、大久保の敷いた路線をひたすら走ることとなる。

楽天家、恐るべし。

伊藤博文

変わり身の早さで栄達

明治十八年（一八八五）に内閣制度ができたおり、初代総理大臣となったのが、伊藤博文《いとうひろぶみ》であった。

明治期、七人の首相が国政を担ったが、伊藤は四回も首相に任命されている。

彼は長州《ちょうしゅう》藩の、足軽以下の家に生まれている。姓氏は与えられておらず、周囲は彼を「利助《りすけ》」と呼んだ。

父が周防《すおう》（現・山口県南東部）の足軽《あしがる》・伊藤家に養子入りし、伊藤姓を称することに。安政《あんせい》元年（一八五四）に彼は、名を俊輔《しゅんすけ》と改めた。

彼の栄達の種、手品の仕掛けは、幕府大老《たいろう》・井伊直弼《いいなおすけ》による大弾圧〝安政の大獄《たいごく》〟が行われ、これによって吉田松陰《よしだしょういん》が一度、国許《くにもと》の長州に戻され、松下村塾《しょうかそんじゅく》を主宰――そこへ伊藤が出入りした、という一点にあった。彼が十八歳の、ときである。

松陰は身分に関係なく、塾へ来る人々に、夢と希望を与える教育を実践した。

たとえば、これといって長所の見当らない伊藤については、

「君には周旋家の才がある」

と褒めた。伊藤にすれば、天にも昇る気持ちであったろう。

筆者はこの、「周旋家」という松陰の評価を重視している。が、当の伊藤自身も生涯にとってこの点を重視した。

混乱する長州藩にあって、まず彼が取り入ったのが桂小五郎《かつらこごろう》（のちの木戸孝允《きどたかよし》）であった。桂は松陰の藩校における講義を聴いたことはあるが、弟子というよりはよき理解者と考えた方がよい。その桂の「手附《てつき》」（役付武士の雑用係）に伊藤は採用された。十九歳の、ときである。

桂は、藩医・和田昌景《まさかげ》の長男（次男とも）で、家禄百五十石の桂家に養子入りしていた（末期養子のため、九十石を継ぐ）。

藩が挙《こぞ》って期待するほどの人物である彼に取り入り、伊藤は文久《ぶんきゅう》二年（一八六二）十二月に、高杉晋作《たかすぎしんさく》らとともに、総勢十二名で江戸・御殿山《ごてんやま》（現・東京都品川区北品川）のイギリス公使館を焼き討ちしている（二十二歳）。

〝攘夷〟で暴れ、京を追われた長州藩は、元治《げんじ》元年（一八六四）七月、禁門の変を挑んで、〝薩会同盟〟を主力とする幕府軍に敗北。

常軌を逸脱していた長州藩は、一方で前年五月に外国船を無差別に砲撃。その報復とし

て、元治元年八月には、英米仏蘭の四ヵ国艦隊による馬関砲撃、翌日の砲台占領を招く。

このおり伊藤は、〝長州の五人《ファイブ》〟に選ばれて、イギリスはロンドンへ留学中であったが、四ヵ国砲撃の直前の六月には井上馨《かおる》と二人、急ぎの帰国を果たしている。

このわずか十ヵ月の留学がのちに、伊藤には幸いした。

戦災の中、出世のタネである桂小五郎を見失った伊藤は、桂の代わりに、松下村塾の先輩である高杉晋作を頼り、今度はこの先輩の下で「周旋家」の才覚を発揮することになる。四ヵ国と講和交渉をするにあたり、伊藤はにわか留学の経歴を買われ、藩の全権・高杉の通訳をつとめることになった。

そして、そのあとは長州に生まれた〝諸隊〟の一つ――力士隊の隊長に、そつなくおさまっている。

周旋家としての才能を発揮

元治元年（一八六四）十二月、旧守派から生命《いのち》を狙われ、九州に亡命していた高杉が、秘《ひそか》に長州へ舞い戻ってくる。彼は〝諸隊〟を決起させて、藩の正規軍を打ち倒し、再び尊王攘夷の藩庁に戻そう、と画策した。

だが、かつて自らが創設した「奇兵隊」は、藩兵千人との戦いに難色を示し、高杉の参戦申し入れを拒絶する。

この時、高杉に同行します、と言ったのが、力士隊二十名を束ねる伊藤であった。

彼はこの時、一か八かの勝負に出た。ここで高杉が逆転勝利をおさめれば、自らも浮かび上がることができる。負けたとて、生命《いのち》以外に失うものはない。

――この戦い、幸いにして高杉が勝った。

そして、桂の再登場により、薩長《さっちょう》同盟が秘に締結され、戊辰《ぼしん》戦争の中から新政府が誕生する。慶応《けいおう》四年（一八六八）正月に、伊藤は外国事務掛となった。これ以降の彼の出世は、薩長藩閥の成果としか考えられない。

彼は「周旋家」としての才能を発揮、薩摩《さつま》の代表・大久保利通《おおくぼとしみち》と長州の代表・桂小五郎改め木戸孝允の間を、如才なく取り持った。

さらに、公卿・岩倉具視《いわくらともみ》を正使とした使節団の欧米歴訪の旅では、同じ副使の大久保とりわけ親しくなった伊藤は、疲労困憊していた桂から、活力《エネルギー》にあふれる大久保に、上司をのりかえ、今度はその忠実な部下となった。

明治十一年（一八七八）五月、大久保の暗殺により、伊藤はその後継者争い＝肥前《ひぜん》佐賀藩出身の大隈重信《おおくましげのぶ》に勝利し、大久保が座っていた内務卿の椅子＝地位に横すべりする（三十八歳）。

初代の内閣総理大臣兼宮内《くない》大臣となった伊藤は、その後の日清戦争、日露戦争と、次々

伊藤博文（1841～1909年）

と現れる難問に、持ち前の大久保同様の楽天主義で立ち向かい、際疾《きわど》いながらも巧みに解決していった。

そんな伊藤が晩年に、意外な文章を残している。

「大和民族の将来」と題する一文で、明治日本の進歩を喜びながらも、彼は次のように述べていた。

それにつけても寒心に堪えないのは、日本国民の態度だ。〈中略〉古《いにしえ》より驕《おごれ》る者は久しからずとは、ただに個人に執いてのみならず、国家に対しても、また動かすべからざるの真理である。

（小松緑編『伊藤公直話』）

明治四十二年十月二十六日、伊藤は日本の行く末を危惧しながら、哈爾浜《ハルビン》（現・中国黒《こく》龍江省《りゅうこうしょう》）で暗殺されてしまう。享年、六十九。

〝日本資本主義の父〟渋沢栄一

〝日本近代資本主義の父〟――渋沢栄一《しぶさわえいいち》は、天保《てんぽう》十一年（一八四〇）二月十三日、現在の埼玉県深谷《ふかや》市血洗島《ちあらいじま》の、藍玉《あいだま》の製造販売と養蚕《ようさん》を営む、豪農の長男として生まれていた。

十七歳のおり彼が、父の代理として、村の代官所へ赴《おもむ》いた。ときの血洗島村の領主・岡部藩一万九千余石の安部《あんべ》家も、累積赤字に閉口し、領内の豪農たちに〝御用金《ごようきん》〟を課したのだが、渋沢はそれに対して即答を避け、父に伝えたうえで返答します、と答えた。

すると代官は、「百姓の小倅《こせがれ》が」と、渋沢を嘲弄《ちょうろう》したという。よほど、この時の屈辱が彼には堪《こた》えたようだ。

渋沢はやがて封建制度に対する怒りに、おりからの尊王攘夷熱《ブーム》の影響もあって、

「高崎城（現・群馬県高崎市）を攻略し、横浜を焼討《やきう》ちして、夷狄《いてき》を殺す」

との計画を、総勢六十数名で企てる。

が、計画は事前に頓挫《とんざ》。

露見しそうになった窮地を救ってくれたのが、二十四歳のおりに、渋沢が江戸留学で面識を得ていた、将軍家の家族＝御《ご》三卿《さんきょう》の一《いつ》・一橋《ひとつばし》家の用人《ようにん》・平岡円四《ひらおかえんし》郎《ろう》であった。

渋沢は、水戸藩主（九代）・徳川斉昭《なりあき》の七男から、一橋家の当主となった一橋慶喜《よしのぶ》に仕えることになる。〝尊攘〟から体制側への、百八十度の変節といってよい。

それでも将来を見込んだ平岡は、渋沢を信任し、彼に一橋家の財政再建を担当させる（平岡はその後、水戸藩士に暗殺される。享年、四十三）。

活躍が認められた渋沢は、慶応《けいおう》三年（一八六七）正月、十五代将軍となった慶喜の実弟・民部《みんぶ》大輔《たいふ》昭武《あきたけ》（のち水戸藩主）のパリ万国博覧会列席に随行し、渡欧することになった。

フランスのパリ市中を散策して、渋沢は銀行家が軍人と対等に会話を交わしている場面に、多大な衝撃《ショック》を受ける。

当時の日本には、〝士農工商〟の身分格差があり、実力はともかく、商人の地位はきわめて低かった。

ヨーロッパの文明を見聞した渋沢は、これからの日本はまず、「殖産興業」を行わなければならない、と痛感する。

このおり、彼の教師役をつとめてくれたのが、四歳年上の銀行家フリュリ・エラールであった。

故郷での学びが偉大な成果を

彼は遅れていたフランスを、ナポレオン三世が一気に、イギリスに比肩する近代国家と成し得たサン・シモン主義の、具体的な手段＝「バンク」を渋沢に教えた。

ここで重要なのは、小さな資本を集めて大きな事業を起こし、その利益を出資者に還元するという体系《システム》を、見たことのない渋沢が、わずかなフランス滞在期間に、どのように修得したのか、その秘訣《ひけつ》であった。

筆者は幼少の渋沢が、学問の手ほどきを父に受け、ついで従兄で学者の尾《お》高惇忠《だかあつただ》に学んだことが、大きかったと考えてきた。

それは一種の、「捗遣《はかや》り（物事をはやく進める）主義」であった。

通常、『論語』の学習はくり返し音読して、暗記させる方法を採るが、惇忠は速読・多読を重視。

この意義は学問の効率性、進捗《しんちょく》を考えるとき、極めて大きかった。

意味のわからない言葉、単語は、一つの記号として（たとえばＸ《エックス》と置いて）読み進める。

学びが進めば、自然と意味がわかるようになり、理解は一気に深まる。

惇忠は読書についても、本人が面白いと思うものから入り、心をとめて読むことが大切で、そうすれば知らず識《し》らずの間に、読書力が身につく、と説いた。

しかし、帰国した渋沢を待っていたのは、静岡に移住した前将軍慶喜や、失意の旧幕臣＝静岡藩士たちの姿であった。

渋沢は藩の勘定組頭《かんじょうくみがしら》となり、藩と在地商人たちで「商法会所《しょうほうかいしょ》」を設立。フランスで学んだ商業と金融業＝〝合本主義《がっぽん》〟を開始するが、明治二年（一八六九）には、新政府に召されて大蔵官僚へ。

そのあと、野《や》に下ることに——。

明治六年六月、わが国最初の近代銀行＝第一国立銀行（現・みずほ銀行）が設立されると、渋沢はついに頭取に就任する。

近代企業を株式会社形態で設立することを強調した彼は、一方で『論語』を徳育の規範として、「道徳経済合一説」の実践を提唱しつづけた。

そのためには、教育の現場が重要だと考え、東京高等商業学校（現・一橋大学）、大倉高等商業学校（現・東京経済大学）、岩倉鉄道学校（現・岩倉高等学校）などの創設にも尽力している。

明治四十二年六月、古希《こき》（七十歳）を迎えた渋沢は、第一銀行および銀行集会所を除き、多くの役職を辞任。大正五年（一九一六）七月には、残る二つからも引退している。

渋沢の代名詞となった著作『論語と算盤』の出版は、同年九月のことである。

彼は問いかける、明治の後期から大正にかけて、日本人は物質的な豊かさを得た。だが、心の豊かさはどうであろうか、と。

各種の国際親善事業を、自らが先頭に立って推進しながら、渋沢は衣食足りて礼節を知る――経済と道徳が車の両輪のようなものであることを、日本人に語りつづけた。

昭和六年（一九三一）十一月十一日、彼はこの世を去っている。

享年、九十二。

東京王子の飛鳥山《あすかやま》（現・東京都北区王子）にあった渋沢邸――ここを訪れた外国人は、千名を下らなかったと伝えられている。

渋沢栄一（1840～1931年）

稀代の歴史主義者にして最後の将軍

徳川慶喜

徳川幕府最後の、十五代将軍慶喜《よしのぶ》は、

「後世、自分はどう評価されるか――」

そのことだけを念頭におき、行動したところに、この人物の真骨頂があったように思われてならない。

慶喜は御三家《ごさんけ》の一《いつ》・水戸徳川家に、九代藩主斉昭《なりあき》の七男として生まれていた。天保《てんぽう》八年（一八三七）九月二十九日のことである。

英邁といわれた慶喜は、父・斉昭による徹底したスパルタ教育の甲斐あってか、弘化《こうか》四年（一八四七）九月、将軍家の家族＝御三卿《ごさんきょう》の一・一橋《ひとつばし》家を相続する。

慶喜は十二代将軍家慶《いえよし》の後継に推され、世継ぎである西ノ丸＝家祥《いえさち》より以上の評判をとったが、そこへ嘉永《かえい》六年（一八五三）六月、ペリーが四隻の〝黒船〟を率いてやって来た。

この直後、将軍家慶は、世子《せいし》の変更をすることなく、他界してしまう。

結果、十三代将軍に家祥改め、家定《いえさだ》が就任した。

危機感を抱いた老中首座《ろうじゅうしゅざ》・阿部正弘《まさひろ》や御家門《ごかもん》の越前《えちぜん》福井藩主・松平慶永《よしなが》（号して春嶽《しゅんがく》）、外様の薩摩《さつま》藩主・島津斉彬《なりあきら》らは、次期将軍に今度こそは英邁の誉れの高い慶喜を、と〝一橋派〟を結成する。

だが、実子のない将軍家定とその側近、大奥や幕政を担ってきた譜代大名の多くは、これに反発。御三家の一・紀州藩主の徳川慶福《よしとみ》を対抗馬に据えて、〝南紀派《なんきは》〟を組織した。

安政《あんせい》五年（一八五八）四月、彦根藩主・井伊《いい》直弼《なおすけ》が大老に任じられたことで、政争は〝南紀派〟の勝利となる。

井伊による〝安政の大獄《たいごく》〟が断行される中、慶喜は隠居・謹慎を命じられ、皮肉にも井伊の横死によって、幕府に対抗姿勢をみせはじめた朝廷や外様大名の力で「将軍後見職」となった。

京都へ乗り込んだ彼は、外様《とざま》雄藩に牛耳《ぎゅうじ》られていた朝廷の参預会議を潰し、自らの職を辞退。朝廷任命の「禁裏《きんり》御守衛《ごしゅえい》総督・摂海防禦《せっかいぼうぎょ》指揮」の役職《ポスト》につき、ついには外様雄藩を完全に敵にまわすことに――。

元治《げんじ》元年（一八六四）七月の禁門（蛤御門《はまぐりごもん》）の変から、第一次長州《ちょうしゅう》征伐まで――まがりなりにも慶喜主導で動いた幕府は、慶応《けいおう》二年（一八六六）六月、第二次長州征伐へ踏み切った。

だが、戦局は幕府方の惨敗となり、将軍家茂《いえもち》（慶福）は七月に大坂城で病没してしまう（享年、二十一）。

後任将軍に推された慶喜は、休戦のための勅命降下を工作し、十二月に十五代将軍へ就任した（三十歳）。

遅かった将軍慶喜の登場

十四代将軍の候補となった安政五年（一八五八）から、八年の歳月が経過していた。ようやく幕府は、自ら考え、率先垂範のできる将軍を得たのだが、その登場は遅すぎた。

もし慶喜が、八年前に将軍となっていたならば、幕府はフランスに模範をとった郡県制に衣替えして、明治維新を迎えたに違いない。

けれども幕府は、すでに一国の政府とは認められないところまで、追いつめられていた。

――しかし、将軍慶喜はあきらめなかった。

幕府の軍制改革、財政改革、いわゆる「大綱変革《たいこう》」を断行する。

目指すは、ナポレオン三世のフランス――そのために慶喜は、同国公使ロッシュを幕府の政治顧問とし、六百万ドル（現在の六百億円）にのぼる対仏借款《しゃっかん》を、フランスに対日貿易の独占権を与えることで実現しようとした。

役に立たない〝旗本八万騎《はたもとはちまんき》〟には、軍事費とその領民を拠出させ、庶民には徹底的にフランス式の近代戦の戦い方を修得させる。

「慶喜は、徳川家康の再来なり」

と長州藩士・桂小五郎《かつらこごろう》（のち木戸孝允《きどたかよし》）が驚嘆し、恐れたのは、これらの事態を踏まえてのものであった。

だが、対仏借款はうまく行かず、慶応三年（一八六七）十月十四日、武力討幕の密勅を制するように、慶喜は突然、大政奉還の挙に出た。自ら将軍の座を、降りたのである。

もし、このまま時間が経過して、新政府が出現したならば、慶喜はその代表に返り咲き、新たな「徳川王国」の創業者と成っていたに相違ない。

だが、待ちに徹しきれず、薩摩藩士・西郷隆盛《さいごうたかもり》らの江戸における挑発行為＝江戸城三ノ丸への放火、〝御用盗《ごようとう》〟事件、薩摩藩邸焼き討ちに、つい迂闊《うかつ》にも乗ってしまい、鳥羽《とば》・伏見《ふしみ》の戦いへ。

この戦いに敗れた慶喜は、あっさりと恭順の意を表して謹慎。自らが描いたのとはまったく異なった、明治維新を迎えることになる。

その後、水戸から静岡へと蟄居《ちっきょ》の場所をかえ、明治三十年（一八九七）十一月、慶喜は新都となった東京へ帰ってくる。

鳥羽・伏見の戦いから、三十年の歳月が流れていた。

徳川慶喜（1837 ～ 1913 年）

慶喜が江戸城とかつて呼んだ皇居に参内し、明治天皇に会ったのは翌年の三月二日。

明治三十五年七月には公爵を授けられ、貴族院議員となり、同四十一年には勲一等に叙せられると、二年後には家督を七男・慶久《よしひさ》に譲り、自らは隠居した。

謹慎免除後の平和な四十五年を、恭順一筋に生きたこの不思議な人物＝慶喜は、大正二年（一九一三）十一月二十二日にこの世を去った。

享年は七十七。

その生涯の正否はさておき、歴史へのこれほどの拘《こだわ》りを生涯懸けて示した人物は、日本史において極めて珍しかった。

あとがき

一つも偽りは記さない、と高言した『三《み》河物語《かわものがたり》』を書き残したことで、徳川家の家臣・大久保《おおくぼ》彦左衛門《ひこざえもん》は、日本史（中世・近世）に多大な貢献をした。その一方で彼は、講談の世界において、〝天下のご意見番〟といわれるようになり、日本人における性格の典型を生み出すことにつながった。

筆者はときおり、彦左衛門に似た風貌の人物に、スペインの作家ミゲル・デ・セルバンテスが創り出した『ドン・キホーテ』の主人公を思い浮かべる。

ふと思ったのだが、イギリスの劇作家ウィリアム・シェイクスピアの生み出したハムレットも、そのセリフ（「To be or not to be, that is the question.」＝一般的には、「生きるべきか、死ぬべきか、それが問題だ」と訳される）とともに、一つの人間の典型を世の中に導き出したといえるのではあるまいか。

実はこのシェイクスピアも、セルバンテスも、彦左衛門の主君・徳川家康と同年にこの世を去っていた。西暦一六一六年――日本では元和《げんな》二年――にあたる。

一見、偶然とみえる暗合《あんごう》（思いがけない一致）も、一つの気流で東西南北がつながっている地球儀の世界では、同時代にドン・キホーテと一徹者《いってつもの》の大久保彦左衛門という、同系の典型を生み出すこともあったのではないか。

もっとも、彦左衛門が、多分に講談の世界で創作された虚構であるのに比べ、その主人である家康は、七十五歳の生涯を通じて、日本史の中でなまな性格劇を演じつづけた。結果、「狸《たぬき》おやじ」という典型を生み出したように思われる。

もしかすると、この家康は日本人最多の類似典型かもしれない。

問題はこの家康の心象《イメージ》に、魅力を感じるかどうかであろう。

そういえば、かつて作家の城山三郎氏によると、文芸評論家の小林秀雄は、「人は、その性格に合った事件にしか、出会わない」との名言を残したという（二人はすでに、鬼籍に入っている）。

筆者はこれに該当する小林の言葉を知らないのだが、近いと思うものに、次のようなものを記憶していた。

「人は様々な可能性を抱いてこの世に生まれて来る。彼は科学者にもなれたらう。軍人にもなれたらう。小説家にもなれたらう。然《しか》し彼は彼以外のものになれなかつた。これは驚く可《べ》き事実である。この事実を換言すれば、人は様々な真実を発見する事は出来るが、発見した事実をすべて所有することは出来ない」（『様々なる意匠』・ルビは筆者による）

——人の一生を考えるとき、まさに真理といえる。

だが、いつの時代であっても、人は型にはまった生き方、手堅く着実だが、おもしろみのない人生に、さほどの魅力を感じない。

むろん、自《みずか》らの置かれた立場に対して、懸命に生きる姿は魅力的である。

歴史上の人物を調べていて、いつも思うことは、どうやら人間の魅力とは、性格に当てられた光の角度、屈曲《くっきょく》にあるのではないか、ということである。

それゆえ、人物の評価を見誤ることがあった。

では、その光の角度・屈曲が最もぶれずに、その人の本性に行きつくのは、その人の生涯のいつであろうか。筆者は、〝死〟と向き合った時だと考えてきた。

年齢、性別、立場に関係なく、〝死〟を身近に意識した時、その人の性格が最も際立つように思われる。

言葉は常に流転《るてん》するようで、昨今では「生きざま」という言葉——これをいい意味に使っている事例を多くみかける。本来、ざまは「ざまァみろ」「ぶざま」など、軽蔑《けいべつ》や罵倒《ばとう》の意を込め、マイナスの現象にのみ、使われてきた名詞であった。

本書では登場人物のべ四十二人を、時代を区切って、その死に際《ぎわ》に特徴のある人物を集めてみた。まさに、成功と滅亡の両極である。

いつまでも真剣な眼差《まなざ》し、初心を忘れず、昨日の自分に安住することなく、自らを鍛錬して、逆境にもめげず、周囲の人々に懸命に働きかけ、自ら時代を切り拓《ひら》いた――そういう、生きていく姿勢にゆるぎのない人物も登場した。

そうかと思えば、〝滅びの美学〟よろしく、死に際の美しい人も加えている。

さらに、男女均等を目指す現代社会を考慮して、男以上の働きを歴史に残した女性もとりあげてみた。

憧憬《どうけい》する人物だけでは面白くないので、反面教師となり得る人物も、俎上《そじょう》に載せている。

目次を開いて、興味のある人物から、読み進めてもらえればと思う。

個々の人生を魅力的なものにしていく原動力、日々の人生で積み重ねるべきものが何であるのか、きっとご理解いただけるに違いない。

自らの人生を、生まれた環境や両親、出会った教師や上司の所為《せい》にする解釈は、いつの世でも、時代でも、幅を利《き》かせている。けれども、歴史上を生きた先人をみているかぎり、どうもそれが決定的な要因ではなかったように思われる。

先行きどうなるのか見当のつかない時でも、人生を豊かに生きようとする人々は違った。

立ち止まらず、そういう時だからこそ、なお自らを楽しませる、奮《ふる》い立たせる、何かを懸命にみつけ、あるいは目の前の限られたものにすがるように、打ち込んでいた。

ぜひ、読者の人生を納得のゆくものへ――本書がその多少なりのヒントとなれば、それにすぐる喜びはない。

本書を執筆する機会を前作『読むだけで強くなる　武道家の金言』同様に与えてくださった、株式会社さくら舎の代表取締役で編集長の古屋信吾氏、同編集部の戸塚健二氏に、また週刊の連載で担当いただいた、株式会社日本ジャーナル出版の『週刊実話』編集長・花木桂造氏、同編集部の川上真由美氏（いずれも、当時）に、この場を借りて心よりお礼を申し述べます。

令和五年二月　東京・練馬の羽沢にて

加来耕三

本書は、『週刊実話』において、二〇二〇年五月から二年間にわたり連載された「偉人の逝き方」「残念な最期」から厳選、再編集、加筆・修正したものです。

著者略歴

一九五八年、大阪市生まれ。歴史家、作家。奈良大学文学部史学科卒業。著作活動のほかに、テレビ・ラジオ番組の出演、時代考証や監修を担当。人気テレビ番組「ザ・今夜はヒストリー」（TBS系）、「BS歴史館」「英雄たちの選択」（以上、NHK BSプレミアム）などに出演。「関口宏の一番新しい中世史」（BS-TBS）、「偉人・素顔の履歴書」（BS11）にレギュラー出演中。さらに、全国各地での講演活動も精力的におこなっている。

著書には『家康の天下取り 関ヶ原、勝敗を分けたもの』（つちや書店）、『刀の日本史』（講談社現代新書）、『名家老たちの危機の戦略戦術』『謀略！ 大坂城』『幕末維新 まさかの深層』『天才光秀と覇王信長』『「気」の使い方』『読むだけで強くなる武道家の金言』（以上、さくら舎）、『日本武術・武道大事典』（監修・勉誠出版）などがある。

成功《せいこう》と滅亡《めつぼう》 乱世《らんせ》の人物《じんぶつ》日本史《ほんし》

二〇二三年二月一九日 第一刷発行

著者 加《か》来《く》耕三《こうぞう》

発行者 古屋信吾

発行所 株式会社さくら舎 http://www.sakurasha.com

東京都千代田区富士見一-二-一一 〒一〇二-〇〇七一

電話 営業 〇三-五二一一-六五三三 FAX 〇三-五二一一-六四八一

編集 〇三-五二一一-六四八〇

振替 〇〇一九〇-八-四〇二〇六〇

装丁 村橋雅之

挿絵 中村麻美

印刷・製本 中央精版印刷株式会社

ISBN978-4-86581-377-7